人力资本—社会资本匹配性
对乡城流动人口迁移行为
和职业选择的影响研究

韩 叙◎著

中国财经出版传媒集团

经济科学出版社
Economic Science Press

图书在版编目（CIP）数据

人力资本—社会资本匹配性对乡城流动人口迁移行为
和职业选择的影响研究/韩叙著 . —北京：经济科学
出版社，2022. 10
ISBN 978 - 7 - 5218 - 4095 - 7

Ⅰ. ①人… Ⅱ. ①韩… Ⅲ. ①人力资本 – 影响 – 人口
流动 – 研究 – 中国②社会资本 – 影响 – 人口流动 – 研究 –
中国③人力资本 – 影响 – 职业选择 – 研究 – 中国④社会资
本 – 影响 – 职业选择 – 研究 – 中国 Ⅳ. ①C924. 24
②D669. 2

中国版本图书馆 CIP 数据核字（2022）第 184087 号

责任编辑：汪武静
责任校对：王肖楠
责任印制：王世伟

**人力资本—社会资本匹配性对乡城流动人口迁移
行为和职业选择的影响研究**

韩 叙 著

经济科学出版社出版、发行 新华书店经销
社址：北京市海淀区阜成路甲 28 号 邮编：100142
总编部电话：010 - 88191217 发行部电话：010 - 88191522
网址：www. esp. com. cn
电子邮箱：esp@ esp. com. cn
天猫网店：经济科学出版社旗舰店
网址：http：//jjkxcbs. tmall. com
北京季蜂印刷有限公司印装
710×1000 16 开 14.25 印张 230000 字
2022 年 10 月第 1 版 2022 年 10 月第 1 次印刷
ISBN 978 - 7 - 5218 - 4095 - 7 定价：66.00 元
（图书出现印装问题，本社负责调换。电话：010 - 88191510）
（版权所有 侵权必究 打击盗版 举报热线：010 - 88191661
QQ：2242791300 营销中心电话：010 - 88191537
电子邮箱：dbts@ esp. com. cn）

前　　言

从更为广泛的意义上说，人口迁移是中国新型城镇化浪潮中引人注目的一个重要组成部分。

根据国家统计局数据，1996～2011 年，中国城镇化率由 30% 提升至 50%，迅速完成了加速发展阶段的前半段，使我国成功实现了从贫困陷阱向中等收入国家的转变。2012～2021 年，我国城镇化率由 50% 提升至 64.72%，进入了加速发展的后半段。城市人口也由 1978 年的 1.7 亿提高到 2021 年底的 9.14 亿，其中绝大部分来自于乡城流动人口的增加。数以亿计的乡城流动人口从农村迁移至城市，成为我国经济发展的重要推动力之一，也对全球经济格局产生了不可忽视的重要影响。

当前，我国正面临着进入高收入国家还是陷入中等收入陷阱的历史性拐点。在此之前，我国用 30 多年的时间完成了发达国家花 100 多年走过的城镇化道路，这种规模庞大、速度极快的城镇化道路背后隐含着一系列问题，例如：乡城流动人口在城镇就业质量不高、社会保障水平较低、融入感不强等。时代浪潮之下，世界正在经历百年未有之大变局，国际贸易摩擦不断、俄乌冲突仍在持续、新冠肺炎疫情呈散点式暴发此起彼伏……在经济高质量发展的背景下，提高乡城流动人口就业质量，改善乡城流动人口在城镇就业环境和生活环境，对于提高经济韧性、实现包容性增长具有重要意义。

中国新型城镇化的重要目标在于迈向高收入国家，完成社会转型，而乡城流动人口作为新型城镇化建设最不可或缺、最重要的主体，恰好契合产业格局调整、全球经济再平衡的时代主题。通常，人口的持续净流入是判断一个城市产业增长潜力的关键指标，更为重要的是，人口素质对于经济增长的可持续性同样重要。一个拥有更多人才的城市，必然更加充满活力。在这个过程中，人力资本和社会资本作为衡量乡城流动人口最重要的微观个体因素，对于乡城流动人口在城镇就业择业，其重要性不言而喻。

为此，本书的出发点和着眼点在于乡城流动人口在城镇的迁移和就业，我们将重点思考如下命题。

第一个命题：中国新型城镇化的关键环节之一在于城乡融合发展，在于乡城流动人口能否在城市安居乐业。

户籍制度的松动促进了人口从农村向城市的流动、劳动力由农业向工商业的流动，从而带来生产效率的提升。爱德华·格莱则在其著作《城市的胜利》中指出，"城市实际上是一个彼此相互关联的人类群体，城市不等于建筑，城市等于人"。因此，人口城镇化的意义更为复杂和深远。目前，我国家庭化迁移程度不高，多是以劳动力为单位的个体流动，举家迁移的人口流动较少，导致了我国常住人口城镇化率和户籍人口城镇化存在不一致，而养老、医疗、教育和公共服务等均与户籍挂钩，这意味着乡城流动人口并非真正意义上的城镇居民，"候鸟式"迁移使得乡城流动人口无法在城镇安居乐业。

第二个命题：从微观个体层面来讲，乡城流动人口在城镇安居乐业的关键因素在于其人力资本和社会资本。

人力资本理论认为，人力资本状况在很大程度上决定了迁移者在劳动力市场中的表现，拥有较高人力资本的外来劳动力，往往能够在迁入地的劳动力市场上获得更好的就业机会和更高的收入。在现代化市场社会中，个人通过教育、职业、培训等投资形成的人力资源已成为决定个人获得职业地位的重要因素。社会资本理论认为，社会资本作为一种非正式制度，是行动者在行动中获取和使用的嵌入在社会网络中的资源。社会资本中的社会交往和身份认同是影响我国流动人口实现社会融合的关键。此外，社会网络还通过工作搜寻、收入增加、就业担保和非正式保险等方面对乡城流动人口迁移行为产生重要影响。乡城流动人口在社会交往中信任风险的识别同样会影响其迁移行为。社会信任程度越高，乡城流动人口更能通过在流入地的社会网络传递就业等信息，提高乡城流动人口在流入地找到工作的概率。

第三个命题：人力资本和社会资本之间的匹配程度对于乡城流动人口迁移和就业意义深远。

经济学理论强调市场机制的作用，认为迁移是人力资本的函数，受过良好教育、具有较高素质或专长的年轻劳动力总是最先迁移。但是，许多社会学家认为，迁移过程中信息是不完全的，只有借助某些"非市场"渠道才能实现信息的有效传递，人际关系网络可以降低劳动者迁移的成本与风险，进而带来更多迁移行为的发生和迁移距离的扩张。以上两种不同研究取向的主要区别在于，前者强调教育、技能、健康等个体属性特征，后者强调网络规模等关系特征；前者强调个体是否占有某种资源及其资源占有的多寡，后者强调个体对网络资源的获取能力。两种研究取向相互补充，分别从个体特征及关系属性阐释了乡城流动人口个体迁移决定机制。人力资本和社会资本作为乡城流动人口两种重要的资本，其共同效应在迁移行为和职业选择中同时存在，研究人力资本和社会资本在乡城流动人口迁移行为和职业选择过程中的交互调节作用，更能准确地反映现实情境。

鉴于此，本书依据人力资本理论、社会资本理论、劳动力迁移理论、计划行为理论、理性选择理论、工作搜寻理论、职业匹配理论及劳动力市场分割理论等多种理论，基于中山大学"中国劳动力动态调查数据"中 69 个城市 2 928 个混合截面样本，引入乡城流动人口人力资本—社会资本匹配性的核心变量，在阐明人力资本—社会资本匹配性对乡城流动人口迁移行为及职业选择影响机理的基础上，分析迁移行为在人力资本—社会资本匹配性对职业选择的作用机制。通过多种计量模型与分析方法进行实证分析，进而提出促进乡城流动人口迁移及提升职业选择路径的建议。

具体而言，本书的主要内容有：（1）通过追溯我国乡城流动人口迁移历程，揭示了中华人民共和国成立以来我国乡城流动人口迁移的六个阶段特征；（2）在刻画人力资本—社会资本匹配性内涵的基础上，运用主观赋权法和客观赋权法相结合的组合权重法计算乡城流动人口人力资本和社会资本指数，并以其交互项作为人力资本—社会资本匹配性表征；（3）运用线性回归模型，分析人力资本—社会资本匹配性对乡城流动人口迁移行为的影响；（4）运用多项 logit 模型，分析人力资本—社会资本匹配性对乡城流动人口职业选择的影响；（5）运用中介效应和调节效应模型，实证分析迁移行为在人力资本—社会资本匹配性对职业选择影响中的作用机制。

本书在研究结论基础上提出了乡城流动人口迁移及职业选择的对策建议，主要包括：注重城镇化发展的可持续性，合理配置生产要素在城乡之间流动；发挥各方作用，提升乡城流动人口受教育水平和职业技能，提高人力资本水平，实现从生存型职业向发展型职业的转变。积极构建次级关系网络，逐步引导乡城流动人口理性择业。完善城市就业市场和就业信息服务体系，保障乡城流动人口基本权益。

总体上观察，实现新型城镇化任重道远，乡城流动人口仍是新型城镇化的关键一环。路漫漫，其修远兮。让我们以积极乐观的态度期待乡城流动人口在城镇安居乐业，期待我国的新型城镇化谱写新的华章。

目　　录

导　　论

1.1　研究背景

劳动力从传统农业部门向现代工业、服务业部门转移，是实现"现代经济增长"的必由之路。在我国工业化和城镇化进程中，劳动力由农村向城镇迁移已成为我国城乡二元结构下劳动力市场化配置的一个典型特征。改革开放 40 多年来，大规模的人口流动成为我国城镇化进程的突出特色，尤其是在中国经济迈入新发展阶段后，经济增长动力面临调整，新型城镇化成为经济发展的新增长极。2014 年，国务院政府工作报告指出，城镇化是现代化的必由之路，是破除城乡二元结构的重要依托。要健全城乡发展一体化体制机制，坚持走以人为本、四化同步、优化布局、生态文明、传承文化的新型城镇化道路，遵循发展规律，积极稳妥推进，着力提升质量。今后一个时期，着重解决好现有"三个 1 亿人"问题，促进约 1 亿农业转移人口落户城镇，改造约 1 亿人居住的城镇棚户区和城中村，引导约 1 亿人在中西部地区就近城镇化。进一步地，党的十九大报告中也提出了要"加快农业转移人口市民化"，由此可见，我国人口城镇化发展过程中对乡城流动人口迁移问题重视程度逐渐加深，在新型城镇化建设中成为影响中国城镇化速度、结构甚至质量的重要因素（宋锦和李实，2014），是衡量新型城镇化进程的重要指标。

《2019 年国民经济和社会发展统计公报》数据显示，2018 年底，我国常住人口城镇化率已达 60.60%，户籍人口城镇化率为 44.38%，二者相差 16.22 个百分点。全国人户分离的人口为 2.80 亿，其中流动人口 2.36 亿。乡城流动人口在城镇非农产业就业极大地推进了人口城镇化和社会经济发展（赵德昭，2017），并使我国获得了巨大的人口红利。但是，随着世界经济格局的变化，加之近年来国际贸易摩擦加剧，中国不平衡发展模式面临严峻挑战（黄祖辉和胡伟斌，2019）。作为产业就业主体的乡城流动人口不仅面临市民化需求，而且面临就业压力。与此同时，国家启动乡村振兴战略和新型城镇化战略，着力解决发展过程中不平衡和不充分问题，充分重视乡城流动人口在城镇就业和市民化问题（黄祖辉和胡伟斌，2019）。对于乡城流动人口的研究在较长一段时间内仍是我国新型城镇化的关键议题之一，探索乡城流动人口迁移行为及其职业选择对新型城镇化发展具有重要的指导作用。

研究表明，不同人力资本和社会资本对乡城流动人口迁移决策影响不同（刘同山和孔祥智，2014；高健和张东辉，2016；杨巧和李仙，2019）。在人力资本方面，贝克尔（1965）、明瑟（1974）认为迁移决策受劳动力受教育程度、职业技能、健康等人力资本影响，舒尔茨（1972）指出，人力资本水平的高低对于乡城流动人口在劳动力市场中的表现具有重要影响，具有较高人力资本的乡城流动人口更有可能在劳动力市场中获得就业信息和较高收入。也有不少学者认为，社会资本能够降低交易成本，提供更广泛的信息，在乡城流动人口迁移行为中发挥着重要作用（马九杰和孟凡友，2003；汪伟等，2018）。

就理论推断而言，在职业选择方面，人力资本与社会资本对乡城流动人口职业选择都具有重要影响。人力资本对乡城流动人口职业选择有一定的作用，人力资本水平较高的乡城流动人口由于自身受教育程度或职业技能水平较高，获得与自身能力相匹配工作的可能性更高，因而在职业选择过程中会有主动地位。与此同时，人力资本水平不同，其掌握的信息资源程度也不尽相同，社会资本在求职过程中同样发挥重要作用。来自中国劳动力市场的经验证据表明，对于乡城流动人口而言，通过市场搜寻匹配职业获得的一种途径，但不是唯一途径，社会资本对于职业选择发挥重要作用，尤其是在城市劳动力市场中，强竞争性与制度分割并存（章元和陆铭，2009），社会资本作为市场机制的重要补充，对于降低工作搜寻成本、减少信息不对称具有重要意义（Stam et al.，2014）。由此可见，在一个存在二元市场分割、不完全竞争的劳动力市场环境中，对于劳动力配置不仅需要市场机制，也需要非市场机制，单纯依赖市场机制会使人力资本对职业获得的影响受到抑制，乡城流动人口职业选择是人力资本和社会资本共同作用的结果，人力资本和社会资本的不同匹配状态对于乡城流动人口职业选择影响也不尽相同。

人力资本和社会资本的匹配状态对于乡城流动人口职业选择的影响，不仅包括直接影响，还可能存在间接影响。研究表明，乡城流动人口迁移行为可能会对其职业选择产生影响，例如，迁移距离的长短会影响职业类型的选择（杨肖丽和景再方，2010），在大城市更易找到与自身人力资本和社会资本水平相匹配的职业，提高职业匹配效率（陆铭等，2012）；举家迁移的乡城流动人口由于可以获得家庭成员的精神支持和帮助，更倾向于选择自雇职业（朱志胜，2019）。对此，厘清人力资本和社会资本匹配对乡城流动人口职业选择的影响路径和作用机理，可能是解析二者之间关系的重要途径。

已有研究多从人力资本或社会资本视角关注乡城流动人口迁移行为和职业选择行为，而对人力资本和社会资本的联合作用机制研究较少，缺乏从人力资本—社会资本匹配视角对乡城流动人口职业选择问题的探究，更忽视了迁移行为在这一过程中的作用机理。不同人力资本和社会资本匹配类型对乡城流动人口迁移行为和职业选择分别有怎样的影响？

迁移行为在人力资本—社会资本匹配性对职业选择的影响中发挥怎样的作用机理？在中国全面推进以人为本的新型城镇化过程中，该怎样设计合理路径，推动乡城流动人口实现充分就业、稳定就业，进而高质量推动我国城镇化进程的发展，这是本书想要讨论的问题。基于此，本书运用中山大学"中国劳动力动态调查数据"，基于人力资本—社会资本匹配性视角，在构建人力资本、社会资本综合指数的基础上，分析人力资本—社会资本匹配性对乡城流动人口职业选择的影响，并关注迁移行为在人力资本—社会资本匹配性影响职业选择中的作用机理，以期通过微观个体行为研究，对我国乡城流动人口迁移行为理论和职业选择理论的探索和归纳提供有益补充。

1.2 研究目的和意义

1.2.1 研究目的

在对乡城流动人口迁移行为现状进行深入分析的基础上，构建基于乡城流动人口的人力资本和社会资本指标体系，实证分析人力资本—社会资本匹配性对乡城流动人口迁移行为、职业选择影响，以及迁移行为在人力资本—社会资本匹配对职业选择中的作用机理。具体研究目的有以下五点。

第一，在梳理国内外文献的基础上，基于理论分析和现实观察，界定本书中人力资本、社会资本、人力资本—社会资本匹配性、乡城流动人口、核心家庭、迁移行为、职业选择等内涵，从理论层面分析人力资本—社会资本匹配对乡城流动人口职业选择的影响，并分析迁移行为在两者关系中的作用机理。

第二，通过对人力资本和社会资本的内涵、特征理论的梳理和归纳，构建人力资本和社会资本评价指标体系，找出表征乡城流动人口人力资本和社会资本的测度指标体系，运用层次分析法和熵权法相结合的组合赋权法，对乡城流动人口人力资本和社会资本进行测度和分析。

第三，在对乡城流动人口人力资本和社会资本进行指标体系构建及维度划分的基础上，采用交互效应分析法对乡城流动人口人力资本—社会资本匹配性进行测度。并运用中位数法，对人力资本和社会资本水平高低进行科学分组，得出人力资本和社会资本四种组合类型，即低人力资本—低社会资本、低人力资本—高社会资本、高人力资本—低社会资本和高人力资本—高社会资本。

第四，分析人力资本—社会资本匹配性对乡城流动人口迁移行为和职业选择的影响，以及迁移行为在人力资本—社会资本匹配性对乡城流动人口职业选择中的作用机理，基于理论分析与研究假说，运用多元线性回归模型、多项 logit 模型以及中介效应分析法、调节效应分析法，从实证角度论证人力资本—社会资本匹配性对乡城流动人口迁移行为和职业选择的影响，以及迁移行为在人力资本—社会资本匹配性影响乡城流动人口职业选择中的作用机理。

第五，通过以上理论分析与实证研究结论，进一步从乡城流动人口自身因素以及政府政策两个角度探讨如何促进乡城流动人口实现充分就业，有针对性地提出政策建议。

1.2.2　研究意义

1. 理论意义

（1）建立科学的、合理的乡城流动人口人力资本和社会资本评价指标体系，对乡城流动人口人力资本和社会进行测度，运用交互效应分析法对乡城流动人口人力资本—社会资本匹配性进行测度，并运用中位数分组方法，对乡城流动人口人力资本和社会资本高低水平进行划分，在此基础上将人力资本和社会资本分为四种组合类型，分别是低人力资本—低社会资本、低人力资本—高社会资本、高人力资本—低社会资本、高人力资本—高社会资本。为人力资本理论和社会资本理论在乡城流动人口迁移行为和职业选择分析作出边际贡献。

（2）在分析乡城流动人口迁移行为和职业选择现状的基础上，基于人力资本理论、社会资本理论、职业选择理论、计划行为理论、理性选择理论等理论构建乡城流动人口迁移行为和职业选择的理论模型，并分析迁移行为在人力资本—社会资本匹配性对乡城流动人口职业选择过程中的作用机制，补充和完善乡城流动人口迁移行为和职业选择理论体系。

（3）实证研究人力资本—社会资本匹配性对乡城流动人口迁移行为、职业选择的影响效应，以及迁移行为在人力资本—社会资本匹配性对职业选择过程中的作用机制，解释乡城流动人口职业选择过程中的行为逻辑，拓展了乡城流动人口职业选择的研究视野和研究价值。

2. 现实意义

（1）分析人力资本—社会资本匹配性对迁移行为和职业选择的影响，并分析迁移行为在人力资本—社会资本匹配性对职业选择影响中的作用机理，对于提升乡城流动人口职业选择能力，推动乡城流动人口实现充分就业、稳定就业，进而推动我国城镇化进程的发展具有重要的现实意义。

（2）根据乡城流动人口迁移行为与职业选择的一般特征与特殊性，从人力资本—社会资本匹配性视角探讨影响乡城流动人口迁移行为及职业选择的作用机制，为制定合理的乡城流动人口迁移政策及就业政策提供参考依据。

1.3　国内外研究动态及评述

1.3.1　乡城流动人口人力资本研究

1. 人力资本对乡城流动人口迁移行为的影响研究

在人力资本方面，关于人力资本对乡城流动人口迁移行为的影响已在诸多文献中得到了证实，学者们从不同角度分析了人力资本对迁移行为的影响。从微观层面看，人力资本是个人风险应对能力的一个重要体现，它是个人抗拒外在风险的基本依靠（陈昭玖和胡雯，2016）。以受教育程度、职业技能培训和健康等形式存在的人力资本对乡城流动人口迁移行为具有显著正向影响。在早期经典文献中，受教育程度对于提升劳动力非农就业机会、获得较好的职业发展机会、提高经济收入具有显著正向影响（Mincer，1974；Scott et al.，1977；Schultz，1988；Knight and Song，1999；杨金风和史江涛，2006）。而拥有稳定且质量较好的工作正是乡城流动人口进入城镇并愿意在城镇定居的基础（任远，2006；胡继亮等，2019）。杨雪和魏洪英（2017）的研究发现，教育程度的提高在普遍增强个体留城意愿的同时，高学历者呈现出更强烈的居留意愿。职业技能培训可以让人们获得特殊的工作技能，对于提升乡城流动人口收入水平具有重要作用（蔡昉，2004；张蕾和王桂新，2008；杨菊华和张娇娇，2016），对其迁移行为同样具有正向影响（王玉君，2013）。健康是人力资本的另一重要表现形式（Schultz，1960），也是乡城流动人口生活工作的基本保证（卢海阳等，2018），在关于健康的测量中，自评健康是被现有实证研究采用的最为普遍的测量指标（Chen，2011；Chen et al.，2013；黄乾，2010；米松华等，2016；卢海阳等，

2018），该指标不仅能够系统地评价乡城流动人口的总体健康情况，还能有效地预测受访者的身体机能和发病率（Song et al.，2016），在指标综合性和稳健性上具有显著优势（齐良书和李子奈，2011）。健康状况良好的乡城流动人口，能够更好融入城市生活，提高对未来生活的信心，进而有利于提升其定居意愿（李强等，2016；卢海阳等，2016）。

关于人力资本对乡城流动人口迁移模式的影响，已在众多文献中得以证实。人力资本积累、投资是提升乡城流动人口能力的重要内容（麦尔旦·吐尔孙等，2017），人力资本水平的提高能明显降低乡城流动人口两栖流动的概率（王春蕊等，2015）。众多实证研究结果表明，乡城流动人口迁移模式与自身能力水平显著相关，受教育程度水平、职业技能、健康状况等对乡城流动人口家庭整体迁移均具有显著正向影响（商春荣和虞芹琴，2015；高健和张东辉，2016；王文刚等，2017；赵海涛和朱帆，2018）。王春超和叶琴（2014）指出，教育维度的贫困导致其无法适应市场需求，实现其永久性迁移。职业技能水平和职业培训也会对乡城流动人口自身迁移决策产生影响（王德文等，2008）。乡城流动人口健康水平会对家庭其他成员的迁移行为造成影响（麦尔旦·吐尔孙，2017），例如，乡城流动人口自身健康状况越好，参与非农就业的可能性会越高，家庭中其他劳动力参与非农就业的可能性也会越高（孙顶强和冯紫曦，2015）。

2. 人力资本对乡城流动人口职业选择的影响研究

关于人力资本对乡城流动人口职业选择的影响研究，谢桂华（2012）认为拥有较高人力资本水平的乡城流动人口通过再学习、"干中学"等途径在流入地积累更高的人力资本水平后，其较高的人力资本回报对经济融入具有促进作用。较高的受教育程度、职业技能水平有利于提高人力资本积累，进而对管理型和技术型职业的获得具有重要影响，增强职业竞争力和职业选择能力（刘万霞，2013；夏怡然，2015；陈书伟，2015；李国梁等，2017；柳建平和刘卫兵，2018；樊茜等，

2018）。此外，人力资本水平的提高对收入水平也有积极影响（程名望等，2014；田丰，2017），相对于初始职业而言，受教育程度越高，乡城流动人口向上职业流动的可能性越大（Rowe et al.，2008；Rohrbach–Schmidt et al.，2016）。

1.3.2　乡城流动人口社会资本研究

1. 社会资本对乡城流动人口迁移行为的影响研究

社会资本作为一种非正式制度，是行动者在行动中获取和使用的嵌入在社会网络中的资源（Lin，1999；周晔馨和叶静怡，2014）。自从社会资本在乡城流动人口迁移问题中的作用被发现以来，不断有文献关注社会网络、社会信任对乡城流动人口迁移的作用，大大推进了迁移行为研究并取得了丰硕的成果（汪伟等，2018）。任远和陶力（2012）认为社会资本中的社会交往和身份认同是影响我国流动人口实现社会融合的关键，此外，社会网络还通过工作搜寻（Chen et al.，2014；陈斌开和陈思宇，2018；周晔馨等，2019）、收入增加（叶静怡和周晔馨，2010；王春超和周先波，2013；叶静怡和武玲蔚，2014）、就业担保和非正式保险（郭云南和姚洋，2013）等方面对乡城流动人口迁移行为产生重要影响。乡城流动人口在社会交往中信任风险的识别同样会影响其迁移行为。社会信任程度越高，乡城流动人口更能通过在流入地的社会网络传递就业等信息，提高乡城流动人口在流入地找到工作的概率（Schundeln，2009；李荣彬和王国辉，2016）。卢海阳等（2016）通过对乡城流动人口城市融入的群体差异进行瓦哈卡—布林德（Oaxaca–Blinder）分解发现，基于"市民网络"形成的新型社会资本对乡城流动人口城市融入具有显著促进作用。在迁移模式方面，李强（2014）认为，社会网络规模的扩大能够降低迁移成本，并促进举家迁移行为的发生。社会资本水平越高，乡城流动人口更有可能通过社会网络规模的扩大和社会信任水平的提升来获取更多的信息和资源，提升举家迁移的概率（任远和陶力，2012；王珏等，2014；熊景维和钟涨宝，2016）。

2. 社会资本对乡城流动人口职业选择的影响研究

社会资本理论认为，理性的行动者在行动中获取和使用的嵌入在社会网络中的资源，可以使个体行动获得成功，即嵌入在社会网络中的资源增强了行动的效果（Lin，1999）。与就业相关的信息和机会不仅通过劳动力市场流动和传递，而且更重要的是通过人们的社会关系网络传递（李黎明和张顺国，2008）。个人拥有的社会资本有助于解决劳动力市场中的信息不对称问题，促进信息流动，帮助个人获得就业信息和机会。基于中国劳动力市场的经验表明，乡城流动人口通过社会资本动员的资源对其工作搜寻和岗位获取具有积极作用（Bian and Huang，2009）。在市场化机制不完善的情况下，乡城流动人口更可能依赖社会资本进入城镇劳动力市场，进而通过传递及时准确的信息帮助其尽快锁定目标岗位，实现与职位的匹配（孙宇和边燕杰，2017）。在获得职位后，还可以通过互信机制，提高乡城流动人口在组织内部不同层级职位之间的嵌入程度（邓睿，2020）。

1.3.3 乡城流动人口迁移行为研究

在迁移数量特征方面，马忠东（2019）基于1982～2015年人口普查和1%调查数据，计算分析得出从1982～2015年，人口迁移总量呈现先上升、再略微下降的趋势。其中，户籍迁入的永久迁移一直呈下降趋势，而临时迁移同样呈现出先上升、再略微下降趋势。段成荣等（2019）则对流动人口类型进行了细致划分，运用同样的数据，得出乡城流动人口占比2000～2015年呈现出先增加后减少的趋势。随后，段成荣等（2020a）继续得出每年新增流动人口在全国总人口中占比接近1%，我国已进入迁移流动人口规模巨大、迁移流动频率很高的阶段，实现了由"乡土中国"向"迁移中国"的转变。

在迁移空间特征方面，从流动人口迁入地来看，王桂新等（2012）通过对"五普""六普"数据分析发现，长三角都市圈取代珠三角都市圈成为21世纪以来省际人口迁入的主要地区。李扬等（2015）使用双组趋势图法对我国1985～2010年人口迁移数据分析后发现，中国省际人口迁移表现出强烈的空间差异，珠三角、长三角和京津冀都市圈是主要的人口迁入地，而主要的人口来源地都是相对欠发达的中西部省份。李诗韵等（2017）基于全国"六普"数据分析得出，省际迁移及净迁入人口主要集中在我国三大经济圈，省际迁出人口主要分布于我国中南部。通过文献梳理得出，近年来，我国流动人口空间分布中，迁入地仍以较发达的三大经济圈为主，迁出地则是欠发达的中西部地区以及中南部地区。在迁移区域方面，刘锐和曹广忠（2014）利用"六普"数据和公安部门登记数据得出，东部沿海以跨省市迁移为主，中部地区以省内跨市为主。随着时间的推移，流动人口也由东部集聚转变为逐步向中西部分散，东部地区对跨省流动人口的吸引力始终占据主流，中西部地区对跨省流动人口的吸引力在2010～2015年有较大幅度的上升（段成荣等，2019）。

在迁移模式方面，李强（1996）预测在未来几十年内，农民工家庭将一直以分居模式存在；段成荣等（2013）将人口流动的家庭化趋势分为四个阶段，分别是个人流动、夫妻共同流动、核心家庭流动以及扩展家庭流动四种类型，目前我国正处于核心家庭流动阶段；盛亦男（2014a）认为在中国农村传统伦理中，乡城流动人口倾向于举家迁移，然而户籍制度对在城市定居具有阻碍作用；还有学者认为，乡城流动人口迁移是一个循序渐进、逐渐演进的状态，相对于初次离乡和定居城市这两种演进形式，举家迁移和定居城市两种演进形式实现难度比较大（高健等，2014）。吴帆（2016）从迁移模式、迁移序列、迁移轨迹等方面分析了流动人口的迁移特征，最终得出迁移序列以"先夫妻、后子女"为主，完整家庭流动已成为我国核心家庭流动的主要模式。在迁影响因素方面,相关学者已从个体特征、家庭特征、区域特征等多个层面对乡城流动人口迁移行为的影响因素进行了多角度的研究。本书对文献内容按照时间逻辑的顺序进行了全面梳理,并将影响因素归纳为个体特征、家庭特征、区域特征、制度因素和心理因素 5 个方面,具体分析框架如图 1-1 所示。

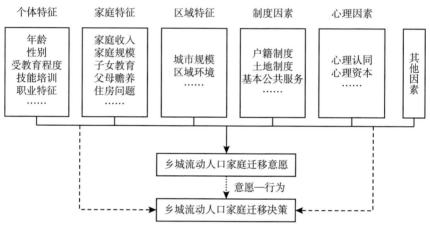

图 1-1 乡城流动人口迁移行为影响因素分析框架

资料来源:笔者绘制。

1. 个体特征

乡城流动人口在迁移行为与其年龄、性别、受教育程度、技能培训、社会保险、流动时间、流动范围等因素有着密切的关系(卫龙宝等,2003;蔡禾和王进,2007;熊波和石人炳,2009;陶树果等,2015;李飞和钟涨宝,2017;陈良敏和丁士军,2019;景再方等,2019)。根据文献梳理,倾向于迁移的乡城流动人口具有年轻、有较高的受教育水平、拥有某项职业技能、参与社会保险、流动时间较长、短距离流动等特征(陈俊峰和杨轩,2012;林李月和朱宇,2016;毛丰付等,2017;肖璐和蒋芮,2018;景再方等,2019)。不少研究从代际差异视角证明了低年龄组乡城流动人口具有更强烈的迁移意愿（卓玛草和孔祥利，2016；高帅和史婵，2019），然而，由于新生代的概念提出已久（王春光，2001），新生代与老一代的划分已经不能很好诠释乡城流动人口群体内部分化（孟凡强和初帅，2018），也有研究从群组角度对乡城流动人口群体内部差异进行划分（贺京同和郝身永，2013；孟凡强和初帅，2018）。受教育水平较高的乡城流动人口拥有更多的知识和技能，更能适应城镇生活（邓曲恒，2013；盛亦男，2014a）。社会保险对乡城流动人口迁移行为具有显著正向影响，陆万军和张彬斌（2018）实证研究发现，就业非正规性和缺乏城镇职工基本社会保险是阻碍乡城流动人口城市融入的重要因素，其中职工基本社会保险对城市融入的影响最为明显。续田曾（2010）发现，参与社会保险能够使乡城流动人口迁移行为显著提高。此外，流动时间和流动范围也是影响乡城流动人口迁移行为的一个重要因素。众多研究得出，乡城流动人口在外流动的时间越长，其在流入地城镇的长期居住和落户的意愿也越强（崇维祥和杨书胜，2015；王文刚等，2017；杨雪和魏洪英，2017）。在流动范围方面，相关研究表明，与省际迁移相比，省内迁移的乡城流动人口落户意愿较强（李瑞和刘超，2019a）。钱龙等（2016）从务工距离角度，证实了务工距离对个体留城意愿及迁移行为的影响，务工距离越远，乡城流动人口更难以实现迁移。

2. 家庭特征

家庭特征是影响乡城流动人口迁移的重要因素，学者们主要从家庭收入、家庭规模、子女教育、父母赡养、住房等方面展开研究（邓曲恒，2013；盛亦男，2014a；祝仲坤和冷晨昕，2018）。家庭规模越大，生活成本越高，乡城流动人口定居城镇意愿越小（邓曲恒，2013）。在子女教育方面，有研究认为，子女教育能够对乡城流动人口迁移行为产生正向影响（李超等，2018），在中小城市，个体经营者、签订稳定合同的工资性就业者更倾向于携带子女随迁，而高户籍门槛城市则不具备这种特点（宋锦和李实，2014；邹杰玲和王玉斌，2018）。也有研究认为，子女教育对乡城流动人口迁移行为具有负向影响（李珍珍和陈琳，2010；戚迪明和张广胜，2012），造成这两种观点的原因，除户籍制度限制外，与乡城流动人口自身资本禀赋、迁移距离以及在城镇状态有很大关系（梁宏和任焰，2010；许传新和张登国，2010）。父母赡养对乡城流动人口迁移行为具有负向影响，这一点得到了学者们一致证明（李强和龙文进，2009；王子成和赵忠，2013；李强，2014）。近年来，不少研究关注乡城流动人口住房状况对其迁移行为的影响，研究发现，拥有产权房、流入地住房状况较好对乡城流动人口城镇定居意愿具有显著正向影响（周元鹏，2010；王玉君，2013；祝仲坤和冷晨昕，2018）。

3. 区域特征

流入地的区域特征对乡城流动人口迁移行为也具有重要的影响。在城市规模方面，研究发现，城市规模与户籍迁移意愿呈正相关（林李月和朱宇，2016；秦立建和王震，2014）。而张文武等（2018）实证研究结果表明，城市规模与市民化意愿之间呈正"U"型关系，乡城流动人口融入城市意愿对大城市和小城市具有较大的需求空间，中等规模城市不明显。盛亦男（2017）的研究得出相似的结论，乡城流动人口具有在大城市居留意愿强，中小城市流动性强，特大城市返乡意愿强的特征。叶俊焘和钱文荣（2016）对农民工市民化意愿的研究归纳出农民工市民化从大城市到中等城市，最后扎根小城市的一般轨迹。在流入地区域方面，逯进和郭志仪（2014）从系统耦合观视角实证检验了人口迁移与经济增长两系统之间协调关系，发现人口迁移从空间上表现出由东向西依次递减的态势。杨传开和宁越敏（2015）也得出类似结论，迁移流是从中西部地区指向东部地区。张耀军和岑俏（2014）利用"五普"和"六普"数据，运用空间分析方法得出结论，中、西部人口向东部沿海集中流动。在流入地城市房价方面，张莉等（2017）发现房价对劳动力流动存在倒"U"型影响，即对劳动力流动存在先吸引、后抑制的作用，且这种倒"U"型影响在大城市更加明显。董昕（2016）通过实证分析得出，相对于收入水平而言，房价已经进入抑制乡城流动人口持久性迁移意愿的阶段，房价收入比和房租收入比对乡城流动人口持久性迁移意愿均具有显著影响。但是也有研究认为，房价对乡城流动人口长期居留意愿影响不显著，房价收入比对乡城流动人口长期居留意愿存在显著负向影响（李辉和王良健，2019）。在流入地城市平均工资水平方面，张耀军和岑俏（2014）认为，较高的工资水平是城市吸引省内和省外流动人口的重要因素，杨娟和李实（2016）研究发现，最低工资提高对乡城流动人口就业具有影响，刘晏伶和冯健（2014）、林李月和朱宇（2016）也分别从不同角度证实了最低工资水平对乡城流动人口迁移行为的重要作用。

4. 制度因素

在制度研究层面，不少研究者分析中国特殊制度体系是否会对乡城流动人口迁移行为造成影响，其中以户籍制度、农村土地制度和城市公共服务制度最受关注（林李月和朱宇，2016；宁光杰和段乐乐，2017；陶然和徐志刚，2005；刘彦随等，2016；黄枫和孙世龙，2015；夏怡然和陆铭，2015；林李月等，2019；刘金凤和魏后凯，2019）。户籍制度产生于计划经济体制下，户籍制度产生的原因在于限制农村人口进城规模、减少城市的外部成本，维持城乡分割的二元经济结构（王美艳和蔡昉，2008；邹一南，2015；周文等，2017；张志新，2019）。随着城镇化进程的加快，严格的户籍限制制度对乡城流动人口城市定居起到了阻碍作用（魏万青，2012；梁琦等，2013；都阳等，2014a；蔡昉，2017）。然而，当城市放松落户条件后，却仍有较大比例的乡城流动人口不愿户籍迁移（叶鹏飞，2011；朱宇和林李月，2016）。这说明乡城流动人口安居在城镇最重要的因素是需要满足其经济需求和物质需求（姚远等，2015；刘程，2018），另外也表明城镇户籍的吸引力正在减弱，与户籍制度相关的诸多福利待遇不再显现（陈俊峰和杨轩，2012；

朱宇等，2019）。农村土地制度是影响乡城流动人口迁移行为的另一个重要因素，陈会广和刘忠原（2013）通过实证研究发现，土地资源禀赋对农村劳动力转移意愿具有显著抑制作用，而土地调整会对农村劳动力转移起到显著的促进作用。钟水映和李春香（2015）从农村人口退出视角，加入农地制度因素对托达罗人口迁移模型进行再修正，研究发现农地制度是影响农村人口退出的核心因素。刘军辉和张古（2016）、周文等（2017）研究发现土地流转和户籍制度松绑的联合改革能够促进劳动力流动。此外，还有研究发现，农村土地制度安排可以通过保险效应和环境舒适度效应影响乡城流动人口城镇迁移行为（黄忠华和杜雪君，2014）。相比于农村户籍制度和农村土地制度，城市公共服务制度对乡城流动人口迁移行为的影响同样不容忽视。夏怡然和陆铭（2015）对实证结果的估计显示，基础教育和医疗服务等公共服务对劳动力流动具有重要影响，即便控制户籍制度的影响后，公共服务对劳动力流动的作用依然稳健。城市公共服务显著影响乡城流动人口永久迁移意愿，城市公共服务水平越高，乡城流动人口永久迁移意愿越强（刘金凤和魏后凯，2019），然而，这种正向影响作用对不同规模城市之间存在影响程度强度差异，与大城市迁移相比，乡城流动人口向中小城市迁移会更多考虑公共服务因素（杨义武等，2017）。也有研究指出，在市场化程度不断提高、自由流动愈加频繁的情况下，乡城流动人口未必仅仅关心政策制度的配置，而是更加注重市场自发调节力量和文化心理的认同（朱宇等，2019）。

5. 心理因素

学者们普遍认为，乡城流动人口城市融入包含三个依次递进的维度，即经济维度、社会维度和心理维度（悦中山等，2012；张蕾和王燕，2013；叶俊焘等，2014；杨菊华，2015）。经济认同是乡城流动人口在城镇落户的基础，社会认同是乡城流动人口参与城镇公共事务、进行社会交往不可缺少的组成部分（罗明忠和卢颖霞，2013；褚荣伟等，2014；孙学涛等，2018），然而，只有实现心理认同，才能说明乡城流动人口已经真正融入城镇，适应城镇生活。近年来，越来越多学者从心理资本视角对乡城流动人口家庭行为进行分析（卢海阳等，2016；曾维希等，2018）。刘传江等（2020）通过实证分析得出，心理资本对乡城流动人口社会融合具有显著影响。陈一敏（2013）通过调查发现，乡城流动人口心理资本对其个体职业成长有正向影响，这种正向影响又通过提升个体社会资本得以实现。陈延秋和金晓彤（2016）认为心理资本对乡城流动人口留城意愿的影响表现为其对新生代农民工的就业能力、面对逆境时的信心等方面的影响。因此，从心理资本角度去研究乡城流动人口迁移行为具有重要的现实意义。

1.3.4　乡城流动人口职业选择问题研究

人力资本和社会资本禀赋在不同职业类型之间存在差异。在人力资本对乡城流动人口职业身份选择方面，研究表明，人力资本的提升对乡城流动人口职业身份选择具有显著影响（郭琳和刘永和，2011；黄志岭，2012；王守文等，2015；景再方等，2018），人力资本对乡城流动人口进入更高一级劳动力市场具有重要影响（葛苏勤，2000），社会资本有助于缓解劳动力市场中的信息不对称问题，促进信息流动，帮助乡城流动人口获得就业信息和机会（罗竖元和李萍，2011）。除此之外，有学者指出，乡城流动人口的职业选择已经由"生存理性"走向"发展理性"（刘成斌等，2007；田艳平，2013），年龄、性别、婚姻状况、初次职业选择、家庭经济条件、社会环境等都是影响乡城流动人口职业选择的重要因素（钟甫宁和陈奕山，2014；罗竖元，2015；杨胜慧等，2015）。

1.3.5　文献评述

通过文献梳理可以发现，现有研究关于乡城流动人口人力资本、社会资本、迁移行为、职业选择的影响，人力资本、社会资本对乡城流动人口迁移行为的影响，人力资本、社会资本对乡城流动人口职业选择的影响等为本书提供了重要启示和借鉴，但是仍存在一些不足之处。

在人力资本和社会资本研究方面，国内学者对于乡城流动人口人力资本和社会资本的研究都是从单一角度进行分析，对人力资本和社会资本交互作用研究相对较少，在乡城流动人口迁移行为方面，现有文献多集中于分析乡城流动人口迁移的影响因素，并没有立足于整个家庭，乡城流动人口迁移决策必然受到家庭其他成员的影响，因而，乡城流动人口迁移行为的研究应当从家庭视角对其进行解读。在乡城流动人口迁移行为方面，更多地是从乡城流动人口自身资本禀赋、家庭禀赋条件和策略等不同角度考察影响乡城流动人口迁移行为的各种因素，然而基于人力资本—社会资本匹配视角下乡城流动人口迁移行为较少有文献涉及。在乡城流动人口职业选择方面，较少有研究从人力资本和社会资本的综合作用进行考察。通过文献梳理可以发现，现有研究只是关注人力资本或社会资本单一角度对乡城流动人口迁移行为和职业选择的影响，或者从人力资本和社会资本视角解析乡城流动人口迁移行为某个环节及职业选择的影响，缺少将迁移行为与职业选择置于同一框架下的研究，也缺乏从人力资本—社会资本匹配性出发，探究人力资本—社会资本匹配视角下的乡城流动人口迁移行为和职业选择研究。

鉴于此，本书在前人基础上，依据人力资本理论、社会资本理论、劳动力迁移理论、计划行为理论、理性选择理论、工作搜寻理论、职业匹配理论及劳动力市场分割理论等多种理论的指导，基于中山大学"中国劳动力动态调查数据"中 69 个城市 2 928 个混合截面样本，引入乡城流动人口人力资本—社会资本匹配性的核心变量，在阐明人力资本—社会资本匹配性对乡城流动人口迁移行为及职业选择影响机理的基础上，分析迁移行为在人力资本—社会资本匹配性对职业选择的作用机制。通过多种计量模型与分析方法进行实证分析，进而提出促进乡城流动人口迁移及提升职业选择路径的建议。

1.4 研究思路、技术路线与研究方法

1.4.1 研究思路

本书研究思路是在国内外文献综述及评价的基础上，以人力资本理论、社会资本理论、劳动力迁移理论、计划行为理论、理性选择理论、工作搜寻理论、职业匹配理论、劳动力市场分割理论等为基础，分析人力资本—社会资本匹配性对乡城流动人口职业选择的影响机理，并分析迁移行为在两者之间的作用机理。识别影响乡城流动人口迁移行为和职业选择的关键因素，在此基础上，提出不同人力资本—社会资本匹配状态下乡城流动人口迁移和职业选择的实现路径及政策建议。基于以上研究思路，本书研究技术路线如图1-2所示。

1.4.2 研究方法

1. 规范分析方法

本书主要分析和界定人力资本、社会资本、人力资本—社会资本匹配性、迁移行为、职业选择等概念的内涵和外延，设计乡城流动人口人力资本和社会资本指标体系，利用主观赋权法（层次分析法）和客观赋权法（熵权法）相结合的方法确定最终权重，利用加权求和法计算人力资本和社会资本指标数值，运用交互效应法求得人力资本—社会资本匹配性指数。在此基础上，运用中位数分组方法，将人力资本和社会资本分成四种组合类型。在此基础上，结合人力资本理论、社会资本理论、劳动力迁移理论、计划行为理论、理性选择理论、工作搜寻理论、

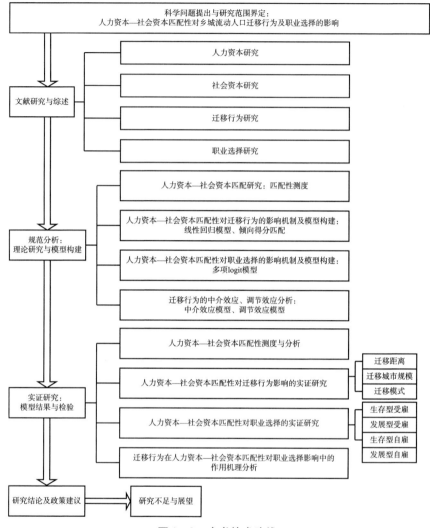

图1-2 本书技术路线

职业匹配理论及劳动力市场分割理论等相关理论，分析人力资本—社会资本匹配性对乡城流动人口迁移行为和职业选择的影响，并分析迁移行为在人力资本—社会资本匹配性对职业选择影响中的作用机理，建立起乡城流动人口迁移行为和职业选择理论分析框架。

2. 实证分析方法

构建乡城流动人口人力资本和社会资本评价指标体系，运用交互效应分析法对乡城流动人口人力资本—社会资本匹配性进行测度。探索人力资本—社会资本匹配性对乡城流动人口迁移行为和职业选择的影响，并分析迁移行为在人力资本—社会资本匹配性对职业选择影响中的作用机理。

（1）利用多元线性回归方法，实证分析人力资本—社会资本匹配性对乡城流动人口迁移行为的影响。首先，分析人力资本—社会资本匹配性对乡城流动人口迁移距离、迁移城市规模和迁移模式的影响；其次，运用多元线性回归模型进行分组回归，依次将低—低型人力资本—社会资本和低—高型人力资本—社会资本、高—低型人力资本—社会资本、高—高型人力资本—社会资本归为同一组内，将低—低型人力资本—社会资本作为对照组，赋值为0，并依次将低—高型人力资本—社会资本、高—低型人力资本—社会资本、高—高型人力资本—社会资本赋值为1，分别估计不同人力资本和社会资本组合类型对乡城流动人口迁移行为的影响，并运用倾向得分匹配方法验证估计结果的稳健性；再次，分别计算在人力资本水平相同的情况下，社会资本的变动对乡城流动人口迁移行为的影响，以及在社会资本水平相同的情况下，人力资本的变动对乡城流动人口迁移行为的影响。最后，运用调节效应分析法，比较代际差异视角下人力资本—社会资本匹配性对乡城流动人口迁移行为的影响。

（2）利用多项 logit 模型估计人力资本—社会资本匹配性对乡城流动人口职业选择的影响。首先，运用多项 logit 模型分析人力资本—社会资本匹配性对乡城流动人口职业选择的影响；其次，运用分组回归方法，分别估计不同人力资本和社会资本组合类型对乡城流动人口职业选择的影响；最后，分别计算在人力资本水平相同的情况下，社会资本的变动对乡城流动人口职业选择的影响，以及在社会资本水平相同的情况下，人力资本的变动对乡城流动人口职业选择的影响。

（3）利用中介效应模型和调节效应模型估计迁移行为在人力资本—社会资本匹配性对职业选择影响中的作用机理。本书借鉴温忠麟等（2005）中介效应和调节效应检验程序，检验迁移行为在人力资本—社会资本匹配性对乡城流动人口职业选择过程中的中介效应和调节效应。厘清人力资本—社会资本匹配性对乡城流动人口职业选择的影响路径和作用机理。

1.5 样本来源及说明

本书拟采用中山大学 2014 年和 2016 年中国劳动力动态调查数据（China labor-force dynamic survey，CLDS）。CLDS 数据基于随机分层抽样方法，在劳动力的流出地进行溯源调查，调查对象为样本家庭户中年龄 15～64 岁的全部劳动力。CLDS 数据每两年调查一次，为样本追踪调查，采用多阶段、多层次、与劳动力规模成比例的概率抽样方法获取调查样本，能够比较全面且有代表性地对劳动力各项指标进行观测和收集（张莉等，2017；武优勐，2020）。在 CLDS2014 年数据中，共有劳动力个体数据 23 594 个，家庭数据 14 214 个，在 CLDS2016 年数据中，共有劳动力个体数据 21 086 个，家庭数据 14 226 个。

CLDS2014 年、CLDS2016 年数据中同时设定了"主事者"角色，考虑到传统农户居民家庭现实状况（主事者一般是由年富力强、社会经验丰富、人力资本禀赋优势相对较高的男性劳动力充当，且往往对迁移和职业选择拥有一定决策权），本书选取家庭主事者作为研究对象，并根据研究内容，再次将流动人口家庭定义为"家庭主事者户口所在地在本县（市、区）其他乡（镇、街道）或其他县（市、区），且户口类型为农村户口，则定义为农村户口流动人口家庭"。将主事者信息与家庭信息进行匹配，获得流动家庭样本 2 928 个，其中 2014 年流动家庭样本 1 368 个，

2016 年流动家庭样本 1 560 个。2016 年的样本家庭中有 465 个属于追踪调查，追踪率 29.81%，由于非平衡面板数据和平衡面板数据会导致样本损失和降低评估效率，因此，本书采用混合截面数据进行分析。

城市层面数据综合了《中国城市统计年鉴》《中国区域经济统计年鉴》等，共 69 个城市信息，并包括流入地平均房价水平、流入地平均工资水平（城镇私营单位就业人员平均工资水平）作为地区特征变量。考虑到乡城流动人口在进行迁移决策时，当期决策受到前期宏观经济效果的影响，因此，对流入地平均房价水平和平均工资水平滞后一期，分别以 2013 年和 2015 年数据作为基准变量。同时，为避免数据处理过程中方差波动带来的影响，进行取对数处理。

1.6 可能创新之处

第一，系统性地构建了适应于乡城流动人口的人力资本和社会资本指标评价体系，运用交互效应分析法对乡城流动人口人力资本—社会资本匹配性进行测度。并运用中位数分组方法，对乡城流动人口人力资本和社会资本高低水平进行划分，在此基础上将人力资本和社会资本分为四种组合类型，分别是低人力资本—低社会资本、低人力资本—高社会资本、高人力资本—低社会资本、高人力资本—高社会资本。为人力资本理论和社会资本理论在乡城流动人口迁移行为和职业选择分析作出边际贡献。

第二，将人力资本—社会资本匹配性问题探索性地引入新型城镇化背景下乡城流动人口迁移行为与职业选择研究，深入阐释了人力资本—社会资本匹配性与乡城流动人口迁移行为和职业选择之间的关系机理，丰富了人力资本和社会资本理论内涵。研究发现，在迁移行为方面，人力资本—社会资本匹配性对乡城流动人口迁移城市规模和迁移模式具有显著正向影响。人力资本和社会资本匹配程度越高，乡城流动人口迁移至更高规模城市的可能性越高，举家迁移的可能性越高。在职业选择方面，人力资本—社会资本匹配性越高，乡城流动人口越倾向于选择发展型受雇和发展型自雇职业。

第三，创新性地将人力资本—社会资本匹配性、迁移行为、职业选择纳入乡城流动人口的同一研究框架，分析了迁移行为影响人力资本—社会资本匹配性对职业选择的作用机理并进行实证检验，丰富了乡城流动人口职业选择研究的理论体系。研究发现，迁移城市规模在人力资本—社会资本匹配性对发展型受雇中存在中介效应，迁移模式在人力资本—社会资本匹配性对发展型自雇中存在中介效应，人力资本—社会资本匹配性对乡城流动人口职业选择的影响，可以通过"人力资本—社会资本匹配性—迁移城市规模—职业选择""人力资本—社会资本匹配性—迁移模式—职业选择"这一路径实现。迁移距离在人力资本—社会资本匹配性对乡城流动人口发展型自雇职业选择中具有负向调节效应。

第四，立足乡城流动人口禀赋异质性及分类，根据微观调查数据实证分析结果，从城乡高质量发展、提升乡城流动人口人力资本水平和社会资本水平、提升乡城流动人口职业能力等方面提供政策建议，为设计乡城流动人口迁移及职业选择实现路径引导策略与政策支持，提供强有力的参考依据。

相关概念与理论基础

2.1 相关概念

2.1.1 人力资本

根据经典理论中关于人力资本的定义，人力资本是通过个体投资形成的知识、能力和健康的总和，其中，教育和职业培训对于人力资本的提升具有重要作用（舒尔茨，1960；贝克尔，1965a）。在本书中，人力资本是指乡城流动人口通过投资开发所形成的具有社会经济价值的知识、技能和健康等因素凝结而成的各种能力的总和，具体表现为接受教育、参加培训及健康状况等。

2.1.2 社会资本

布迪厄（Bourdieu，1984）将社会资本定义为"一个实际的或潜在的资源综合体，它不可避免地与一个熟悉的、公认的、制度化网络的持久网络相联系"。科尔曼（Coleman，1988）认为社会资本是个体行动者和集体行动者可以获得的某种资源。普特南（Putnam，1993）认为社会资本包括社会信任、社会规范以及社会网络三部分，林南（1999）进一步指出，社会资本是嵌入在个人的网络和联系中的社会资源。随后，更多学者将社会资本的概念不断完善和发展，使社会资本理论逐渐得到学者们的认同。

根据以上研究，在本书中，将社会资本定义为广泛存在于个人社会网络关系中，并能够被乡城流动人口投资和利用的以便实现自身目标的社会资源，具体包括社会网络和社会信任等。

2.1.3　人力资本—社会资本匹配性

匹配是指两个或多个变量间的相互适合和契合，从而提升系统的整体绩效（Goodhue，1995），在战略管理研究中，人们对匹配的认识可以分为调节、中介、特征偏离、适配、共变和完全形态六种（闵庆飞等，2011）。人力资本和社会资本作为乡城流动人口两种重要的资本，其共同效应在迁移行为和职业选择中同时存在，研究人力资本和社会资本在乡城流动人口迁移行为和职业选择过程中的交互调节作用，更能准确反映现实情境。本书借鉴董滨和庄贵军（2018）研究中关于匹配的交互作用方法，将人力资本—社会资本匹配性视为人力资本和社会资本之间的交互效应对迁移行为和职业选择的影响。

由人力资本—社会资本匹配性可以得出人力资本和社会资本水平同时处于较高阶段和同时处于较低阶段的状态，然而，对于乡城流动人口人力资本和社会资本不处于同一阶段，如处于高人力资本和低社会资本组合状态，以及低人力资本和高社会资本组合状态时，需要对人力资本和社会资本的匹配进行更为细致的划分。因此，在对交互效应进行分析的基础上，本书再次对人力资本与社会资本概念进行整合，按照乡城流动人口人力资本水平和社会资本水平的高低，可以将人力资本和社会资本分为四种组合类型，分别是：低人力资本—低社会资本、低人力资本—高社会资本、高人力资本—低社会资本和高人力资本—高社会资本（见图 2 - 1）。

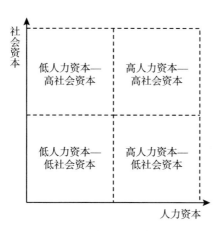

图 2 - 1 人力资本—社会资本组合类型

资料来源：笔者绘制。

2.1.4 乡城流动人口

乡城流动人口是我国农村剩余劳动力转移进程中产生的特殊群体，是城乡二元户籍制度管理下的时代产物，长期以来一直是学术界关注的热点。在 2010 年第六次人口普查中，流动人口被界定为居住地与户口登记地所在的乡镇街道不一致且离开户口登记地半年以上的人口。马小红（2014）将流动人口分为四种类型：乡城流动人口（即户口性质为农业，流入地为城镇的流动人口）、城城流动人口（户口性质为非农业，流入地为城镇的流动人口）、乡乡流动人口（户口性质为农业，流入地为乡的流动人口）以及城乡流动人口（户口性质为非农业，流入地为乡的流动人口）。在此定义基础上，将乡城流动人口界定为"离开户口登记地半年以上，户口性质为农业，户口登记地为其他市、流入地为城镇的流动人口"，在其研究中，考虑到搬迁等因素，将市内人户分离人口排除在外。范志权（2013）认为，乡城流动人口是指"在不改变户口登记常住地的条件下，从乡村离开其常住户口所在地，向其常住户口所在地以外的城镇流动的农业户口的人口，其户籍身份不发生改变"。多数学者持有此观点，认为乡城流动人口是指户籍为农业户籍，从乡村到城镇，存在人户分离状态的人口（原新，2005；陈传波和阎竣，2015；谭江蓉，2016）。

在相关概念辨析上，乡城流动人口与"农民工""农业转移人口"等称谓存在异同点。"农民工"一词最早由张雨林（1984）提出，是指从事非农产业的农民，随着研究的深入，对农民工对定义也更加完善，主要指离开农村进入城市，在城镇非正规就业部门工作，主要从事第二产业或第三产业，以非农业收入中工资性收入或经营性收入为主要收入来源，且大部分还拥有土地承包权，没有被城镇社会保障制度覆盖的不能享受城镇居民的户籍仍在农村的人员（李强，1999；王燕华和张大勇，2004；韩长赋，2006；袁方，2016）。但是由于"农民工"具有明显的身份歧视，且不符合我国未来发展趋势的要求，党的十八大后用"农业转移人口"替代"农民工"，户籍性质仍然是农业户籍，虽然实现了职业转变，但是并没有实现身份转变（魏后凯和苏红键，2013）。

根据学者们对乡城流动人口定义的回顾，在本书中，对乡城流动人口概念的界定应该满足以下四个条件：一是地理位置发生变动，即从乡村到城镇/县（市、区）/城市，但是不包括本县（市、区）；二是户籍地址并未改变，即户口登记常驻地仍然在乡村，户口性质仍然是农业户口；三是居留时间，在本县（市、区）以外的城镇/县（市、区）/城市居住或生活6个月以上；四是较"农民工""农业转移人口"界定而言，研究对象范围扩大，乡城流动人口不仅包括在城市务工的农民工，还包括雇主、自营劳动者、待业的人口以及随迁家属等。

2.1.5 核心家庭界定

对于核心家庭范围的界定，有助于研判乡城流动人口迁移模式与迁移进展。在以往关于核心家庭范围界定研究中，学者们各抒己见，例如，周皓（2004）认为夫妻二人即为核心家庭，陈贤寿和孙丽华（1996）认为拥有"血缘或婚姻关系"即为核心家庭，大多数的研究认为"夫妻 + 子女"为核心家庭（杨菊华，2013；孙战文，2014；盛亦男，2016；吴帆，2016；王文刚等，2017）。本书借鉴上述研究成果，并考虑数据实际因素，将"未育夫妻二人、以夫妻和未成年子女为主的主干家庭以及尚存在经济密切联系、生活关联且同住的未婚子女和父母"界定为乡城流动人口核心家庭。

2.1.6 迁移行为

迁移行为在本书中，定义为乡城流动人口从乡村所在户籍地流出到城镇/县（市、区）/城市半年以上，并不包括本县（市、区）内的迁移。具体包括迁移距离、迁移城市规模与迁移模式三种类型。在迁移距离方面，本书参照祝仲坤等（2019）研究，将迁移距离分为市内迁移、省内跨市和省际迁移三种类型。城市规模参照中国 2014 年颁布的《新型城镇化规划》中城镇分类标准，将城镇分为 50 万人以下小城镇、50万~100 万人中小城市、100 万~300 万人中等城市、300 万~500 万人大城市、500 万人以上特大城市五种类型。在迁移模式方面，参照盛亦男（2016）、吴帆（2016）的研究，将迁移模式分为三种类型，分别是个人迁移、部分迁移及举家迁移。

2.1.7 职业选择

职业选择是指乡城流动人口根据自身能力选择职业，最终使得自身能力与职业需求特征相符合（田艳平，2013）。目前国内外文献中关于乡城流动人口职业身份的划分主要有两种：一种分为工资性雇用与自我雇用（李树苗等，2014；黄志岭，2015；宁光杰和孔艳芳，2017；景再方等，2018；梁童心等，2019）；另一种分为正规就业与非正规就业（胡凤霞和姚先国，2011；都阳和万广华，2014b；李强，2016；张抗私等，2018）。根据研究目的，本书选择第一种划分类型，即受雇和自雇。然而单纯使用受雇和自雇两个维度而不进行细分，会忽视样本群体内部差异（景再方等，2018;）。进一步地，在 CLDS 问卷中，受雇群体中既包括餐饮家政、保洁保安、劳务市场和工地工人等生存型受雇群体，也包括车间管理、财务管理、技术操作等发展型受雇群体。自雇群体中既包括流动摊贩、小作坊经营等生存型自雇群体，也包括创立企业、经营店铺或其他实业并雇用工人等发展型自雇群体。因此，本书根据马斯洛需求层次理论中乡城流动人口生理需要、安全需要、归属需要、尊重需要与自我实现需要 5 个等级（马斯洛，1968），并参照石丹淅和吴克明（2015）、景再方等（2018）、朱志胜（2019）以及孙迪等（2020）研究中关于乡城流动人口职业的划分，将乡城流动人口受雇、自雇职业进一步划分为生存型受雇、发展型受雇、生存型自雇以及发展型自雇四种类型。对以上群体进行细分，可以更精确地了解乡城流动人口群体内部差异。具体职业身份划分类型如图 2 - 2 所示。

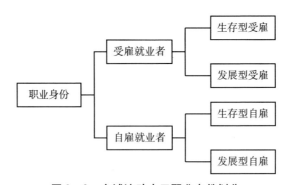

图 2 - 2　乡城流动人口职业身份划分

资料来源：笔者绘制。

2.2　理论基础

2.2.1　人力资本理论

人力资本理论的代表人物主要有西奥多·舒尔茨、加里·贝克尔、雅各布·明瑟等，经过不断发展，人力资本理论已成为现代经济理论中的重要组成部分。

舒尔茨（1960）将人力资本投资划分为健康、教育、培训、迁移、非正规教育等五种类型，并研究得出人力资本投资对于推动经济发展具有重要影响。他指出资本可以体现在劳动者身上，而并非总是物质的或者有形的。舒尔茨最大贡献在于明确了人力资本的概念，但是对于人力资本的考察着重于宏观层面，而忽视微观因素对人力资本形成的影响。贝克尔（1965）在舒尔茨人力资本理论的基础上，从微观角度出发，将人力资本投资与利润最大化原理相结合，构建了适用于微观个体行为研究的人力资本投资均衡模型，弥补了舒尔茨人力资本理论中忽视微观的不足。明瑟（1974）通过运用价值补偿原理，将人力资本理论应用于家庭决策行为，建立了"人力资本—收入模型"，以此考察受教育年限与个人收入之间的关系，发现人力资本投资水平不同会导致个体收入之间存在差异，为后续人力资本的研究奠定了基础。

在本书中，主要借鉴舒尔茨（1960）和贝克尔（1964）的观点，将乡城流动人口人力资本视为教育、技能与健康投资的总和，乡城流动人口进行人力资本投资的目的是追求效用最大化。

2.2.2 社会资本理论

在众多社会资本代表人物中，比较有代表性的有布迪厄、科尔曼、普特南、福山、波茨、格兰诺维特以及林南。

布迪厄（1984）明确提出了社会资本的概念，认为社会资本是实际或潜在的资源集合，并区分了经济资本、文化资本和社会资本三种形式。进一步地，布迪厄（1986）详细阐述了社会资本理论，他指出社会资本是一种由公众熟悉的、公众和制度化关系网所形成的资源集合体，将社会资本重点聚焦在"社会关系网络"，使社会资本的概念更加细致。科尔曼（1988）将社会资本的概念从微观扩展到宏观，提出"功能论"，即社会资本定义是由功能而来，并为结构内部个体行动者提供便利。在此基础上，科尔曼（1990）用理性选择理论进一步阐述社会资本理论，认为可以通过社会关系投资来积累和增加社会资本，从而为社会资本理论向现代意义扩展奠定了基础。普特南（1993）认为社会资本包括三部分，社会信任、社会规范和社会网络，可以通过合作行为来提高社会运行效率，是建立信用社会的必要基础。普特南将社会资本推向主流学术作出了重要贡献。福山（2000）更加强调社会信任，认为国家的经济繁荣程度和社会普遍信任程度具有高度关联性。格兰诺维特（1973）、波茨（1989）、林南（1986）以及边燕杰（2001）等强调社会资本对个人的作用，认为社会资本是个人所拥有的获取稀缺资源的能力，格兰诺维特（1981）提出弱关系假设，认为弱关系对个体作用大于强关系。边燕杰（2001）参照弱关系理论，认为对于我国现阶段情况而言，在职业搜寻的过程中更加注重强关系而非弱关系。

在本书中，主要借鉴普特南（1993）、福山（2000）、林南（1986）、格兰诺维特（1981）以及边燕杰（2001）的观点，将乡城流动人口社会资本表示为其在流入地的社会资源，具体包括社会网络和社会信任。

其中，社会网络又分为在流入地的原始社会资本即强关系和在流入地的新型社会资本即弱关系两种类型。

2.2.3　劳动力迁移理论及其演化

按照分析问题的假说条件和对迁移决策的解释，综合关于国外劳动力迁移理论的研究可以分为五种类型：古典劳动力迁移理论、新古典劳动力迁移理论、人力资本迁移理论、新经济迁移理论、行为主义迁移理论（盛来运，2005；杨文选和张晓燕，2007；程名望，2007；高岩辉等，2008；戚迪明，2013）。发展经济学家们从不同角度研究了发展中国家劳动力迁移的动因、路径和影响，建立了研究劳动力迁移理论系统的研究框架，本书在总结经典文献，对各个阶段理论进行梳理、归纳的基础上，厘清劳动力迁移理论发展脉络。

1. 古典劳动力迁移理论

（1）列文斯坦法则。列文斯坦（1885）总结了人口迁移规律，认为迁移往往以短距离为主，移民人数与迁移距离具有负向关系；迁移往往是阶段性迁移；正向迁移与逆向迁移同时存在；经济是引发迁移的最主要原因；短距离迁移往往更适宜女性；交通和通信技术的发展有利于迁移率的增加。

（2）推拉理论。继列文斯坦法则提出后，赫伯拉（1938）、米切尔（1946）分别提出推拉理论。流出地土地、就业、基本公共服务设施的缺乏是推力因素，流入地较好的就业机会、工资水平以及良好的公共服务是拉力因素。迁移是推拉力共同作用的结果。

唐纳德·博格（1961）正式提出推拉理论，认为当推力较大而拉力较小时，迁移行为不会发生；当推力较大而拉力较大时，迁移行为才会发生。李（Lee，1966）在此基础上，把影响迁移的因素归结为四种，迁入地因素、迁出地因素、中间障碍因素以及个人因素。迁移行为发生的原因在于：在迁出地，推力之和大于拉力之和，在迁入地，拉力之和大于推力之和。

2. 新古典劳动力迁移理论

（1）刘易斯两部门发展模型。刘易斯（1954）将国民经济分为两个部门：现代工业部门和传统农业部门，经济发展的过程就是把传统农业部门的剩余劳动力吸收到现代工业部门，这个过程一直持续到传统农业部门剩余劳动力全部被吸收为止，此时二元经济将转化为一元经济。

（2）费景汉和拉尼斯模型。费景汉（1961）和拉尼斯（1964）进一步修正和发展了刘易斯两部门发展模型，在此基础上，提出"拉尼斯—费景汉模型"。该模型以农业剩余劳动力转移为核心，并分为三个阶段，第一阶段为劳动力可以无限供给，第二阶段为农业剩余劳动力仍然持续不断被现代工业部门吸收，第三阶段为农业剩余劳动力转移完毕。拉尼斯和费景汉认为，农业剩余劳动力持续不断被现代工业部门吸收，直至转移完毕的关键在于农业劳动生产率的提高，农业与工业平衡增长。

（3）托达罗模型。托达罗（1972）认为，劳动力做出迁移决策的最主要原因在于预期收入大于迁移成本，会从长期做出迁移决策，迁移公式为式（2-1）：

$$\Delta = \int_0^T e^{\delta t} \left[p_u(t) y_u - y_r(t) \right] dt - c - 1 \qquad (2-1)$$

其中，Δ 表示城乡预期收入差距，当 $\Delta > 0$ 时，农村劳动力将做出迁移决定。$p_u(t)$ 是在城市就业概率，y_u 是城市获得的收入，$y_r(t)$ 是农村获得的收入，c 为迁移成本，包括一系列的交通成本、生活成本、心理成本等。δ 是贴现率。

3. 人力资本迁移理论

（1）斯加斯塔模型。斯加斯塔（1962）认为，迁移是人力资本的函数，具有较高人力资本的劳动力会优先选择迁移。其政策含义在于应当提升劳动力整体人力资本水平，缩小城乡间收入差距和经济发展水平差距。

（2）卢卡斯人力资本模型。卢卡斯（1988）在斯加斯塔（1962）基础上，引入人力资本积累过程，建立人力资本内生化 AK 模型为基础农村—城市迁移模型。其假定为人力资本增长率是时间的线性函数；个人努力水平不仅影响自身生产效率，也会对社会进步、社会生产率产生正向影响。卢卡斯将经济发展过程与农村劳动力迁移过程结合在一起，对迁移理论具有重要意义。

4. 社会网络迁移理论

社会网络迁移理论的代表人物主要有梅西（Massey，1990）、宝特等（Ports et al.，1989），其核心观点在于社会网络规模的扩张有利于增进信息交流，降低劳动力迁移的成本和风险。随后，卡林顿（Carrington，1996）通过实证研究发现，劳动力迁移成本随社会网络规模的增加而递减。宝特（Ports，1998）认为，通过社会网络可以将流入地中迁移劳动力和本土劳动力构成一个互惠循环连接系统，促使迁移劳动力更加适应在流入地生活。也有学者指出，社会网络可以降低迁移成本，但是前提假设是该种社会网络是低层次的社会网络（Brauw and Giles，2006）。社会网络理论的提出对推动劳动力迁移理论的完善起到了重要作用。

5. 新经济迁移理论

斯塔克（1991）将迁移研究对象从个人扩展到家庭，认为家庭是劳动力迁移决策的基本单元，并运用投资组合理论和契约安排理论来解释劳动力迁移决策。根据投资组合理论，由于农业生产具有不确定性导致农业收入具有不稳定性，因此需要对家庭内部劳动力资源进行重新配置，以规避农业生产风险，获得更加稳定的长期收入。契约安排理论是指迁移者会以汇款的形式与家庭其他成员保持联系，通过契约安排，实现家庭收益最大化。本书运用新经济迁移理论分析乡城流动人口在迁移决策过程中，在既定的资本禀赋前提下，个人和家庭如何通过一系列组合决策，选择何种迁移模式，进而实现家庭效用最大化。

6. 行为主义迁移理论

沃波特于 1965 年提出"地方效用"理论，运用实证研究方法分析性别、年龄、婚姻状况等微观个体特征对劳动力迁移决策的影响，除此之外，沃波特（1965）将区域因素引入在内，认为劳动力迁移不仅受个体、家庭特征的影响，同时受区域环境因素的影响，通过研究劳动力迁移的微观机制来解释劳动力区际迁移的宏观模式。行为主义迁移理论通过研究迁移者的微观迁移决策来理解宏观的区际迁移模式，它既强调劳动力个体在决策过程中的重要作用，又重视宏观的区际迁移动因，从而把宏观研究和微观研究结合了起来。

2.2.4　计划行为理论

乡城流动人口作为"理性经济人"，其迁移行为及职业选择的产生，不仅受迁移倾向的影响，还受他人意见和迁移评估等因素的影响，利用该理论，学者们对乡城流动人口迁移行为产生机制、创业意愿、城市融入等问题进行了分析（虞小强，2012；麦尔坦·吐尔孙，2016；马成成和肖璐，2018），运用计划行为理论构建模型，进行定性和定量分析，可以为乡城流动人口迁移行为和职业选择的研究提供理论依据，计划行为理论分析框架如图 2－3 所示。

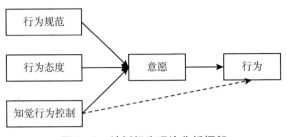

图 2 - 3　计划行为理论分析框架

资料来源：笔者根据计划行为理论绘制。

2.2.5　理性选择理论

科尔曼（1990）的理性选择理论认为，行动者的社会行动遵循成本最小化和收益最大化的前提假设，基于理性考量做出决策。理性选择理论假定个体行动者选择自由，会按照自身偏好做出选择决策，但是考虑到个体需要群体和社会中生活，群体生活需要依赖社会选择理性。根据个体行动者追求层次高低，理性行动可以分为生存理性、经济理性和社会理性三个方面。其中，生存理性考虑行动者自身以及身边其他行动者的生存状况，经济理性追求利益最大化，社会理性在生存理性和经济理性的基础上，追求更高目标，实现的是自身价值和社会价值的满足。

人力资本和社会资本是乡城流动人口实施迁移决策和职业选择决策的基础条件，大多数乡城流动人口会根据家庭自身能力和对其有限的家庭资源在流入地和流出地之间做出经济理性的选择，并选择合理的职业类型。

2.2.6　工作搜寻理论

20 世纪 70 年代以来，工作搜寻理论得以形成和发展。菲尔普斯（Phelps，1970）认为，工作搜寻者会比较搜寻的边际成本和边际收益，当边际收益大于边际成本时，搜寻者会做出选择决策。在信息不对称的条件下，工作搜寻者先需要依据信息搜寻了解工资分布状况。皮萨里德斯（Pissarides，1979）在菲尔普斯（Phelps，1970）研究基础上，构建了职位匹配函数，旨在将工作搜寻者和空缺职位相联系。莫滕森（Mortensen，1986）进一步将搜寻努力程度加入模型。近年来，对职业搜寻的实证分析更加丰富，且倾向于从职业搜寻过程中的某一维度着手进行分析，认为职业匹配质量与职业搜寻过程具有相关关系（Marina et al.，2012）。其中，关于职业搜寻渠道的研究最多，多数学者认为，亲朋好友等社会网络是职业搜寻最为有效的办法，公共部门对私人社会网络具有补充作用，但是公共部门缺乏效率（Morgan，2008；Weber et al.，2007）。

2.2.7　人—职匹配理论

约翰·霍兰德（1971）最早提出人—职匹配理论，认为人的个性结构存在差异性，不同个性匹配不同职业类型，人们在工作搜寻过程中，往往根据自身个性特点寻找适合自己的职业，以实现自身需要、兴趣以及心理满足，进而达到人—职匹配目的。人—职匹配理论假定是个体特质与工作要求可以实现相互匹配。个体在进行职业选择时，不仅需要了解自身能力、兴趣以及自身不足之处，也需要对职业优势、就业机会和前景进行充分了解。当自我认知与工作知识二者之间达到最佳契合程度时，职业选择即为合理的。

2.2.8　职业锚理论

施恩（1978）最早提出职业锚理论，认为职业发展需要持续不断的探索，在这一过程中，求职者会根据自身禀赋特征、工作态度以及价值观形成对职业的清晰了解以及对职业的明确概念。实际工作经验最终决定职业锚，职业锚理论强调个体能力、求职动机以及求职者价值观三个方面的整合与相互作用，是个体所形成的整体自我观和自我职业价值观。随着求职者对自身能力、性格、工作态度等了解的加深，求职者会形成一个占据主导地位的职业锚。

2.2.9　劳动力市场分割理论

多林格尔和皮奥里（Doeringer and Piore，1971）提出二元劳动力市场分割理论，该理论认为，城镇劳动力市场并不是完全竞争市场，可以按照雇佣关系和报酬支付特征将劳动力市场划分为主要劳动力市场和次要劳动力市场两个部分，两个劳动力市场分配机制明显不同，主要劳动力市场以正规就业为主，就业稳定、工资福利待遇较高、工作条件较好；次要劳动力市场多为非正规就业，就业不稳定、收入较低、福利待遇状况较差。该理论有两个主要特点：第一，劳动力市场是一个被分割的市场，每个市场劳动分配方式和工资决定机制并不相同；第二，由于制度因素及集团势力因素，两个劳动力市场之间相对封闭。

2.3　作用机理分析

计划行为理论表明，人的具体行为受其行为意向的影响，而行为意向取决于决策主体的自身禀赋差异（Ajzen，1980）。理性选择理论表明，乡城流动人口迁移行为和职业选择作为一种理性行为，是追求自身利益最大化的个体在各种情境下按照功利最大化原则根据自身禀赋差异行动的个体可能会采取的行动（Coleman，1990）。工作搜寻理论和职业匹配理论也在一定程度上解释了个体能力与职业匹配的关系（Mortensen and Pissarides，1998）。因此，本书的核心问题是，在既定的禀赋条件下，乡城流动人口如何通过人力资本和社会资本匹配来追求不同的迁移决策，进而影响不同的职业选择，实现效用最大化。

2.3.1 人力资本—社会资本匹配性对乡城流动人口迁移行为的影响

本书理论框架是建立在人力资本理论、社会资本理论、新经济迁移理论、理性选择理论的基础上，并从相关理论中归纳得出人力资本—社会资本匹配性对乡城流动人口迁移行为的影响机制。从以往的研究成果看，人力资本和社会资本对乡城流动人口迁移决策具有重要影响。社会资本在理论和现实上都缘起于人力资本（Glaser et al.，2002），基于大量的文献分析表明，社会资本是人力资本的重要组成部分（Goldin et al.，1999；Bjrnskov，2006；Huang et al.，2009），对人力资本起到了补充和促进作用（Lin，2001；安素霞，2005；刘彬彬和陆迁，2014；武岩和胡必亮，2014；周晔馨等，2019）。近年来，越来越多的学者将人力资本、社会资本纳入迁移决策模型中，但是缺乏系统性分析，更缺乏从人力资本、社会资本的联合作用机制进行分析。有学者认为，个体在教育、技能、健康等方面所表现出的人力资本异质性会对乡城流动人口迁移决策产生重要影响（刘同山和孔祥智，2014；李飞和钟涨宝，2017；王胜今等，2020），较强的社会网络资源和较高水平的社会信任能够显著增强其对城镇的认同感和归属感，对乡城流动人口迁移在城镇工作、生活和定居具有显著促进作用（赵延东，2002；叶静怡和周晔馨，2011；王春超和周先波，2013）。然而，以上研究多从人力资本或社会资本单一视角展开分析，对于二者之间联合作用机制方面的文献较少，本书基于人力资本—社会资本匹配性视角，分析其对乡城流动人口家庭迁移行为的影响。

理性选择理论认为，理性行为的发生涉及行动者、资源和利益三个基本要素（Coleman，1990）。行动者的目的是最大限度实现个人利益（Massey et al.，1994；Wright and Martin，1987）。其理性行为决策受到资源稀缺程度的制约（Nevin，1969），行动者资源禀赋越多，目的越容易达到。根据新经济迁移理论，乡城流动人口作为理性群体（马九杰和孟凡友，2003），在特定的资源禀赋条件下，追求的是家庭效用最大化与风险最小化，其迁移行为是基于禀赋状况所做出的理性选择（全磊，2019）。人力资本和社会资本作为乡城流动人口最重要的禀赋资源，对其迁移行为具有重要影响。

1. 人力资本与乡城流动人口迁移行为

明瑟（Mincer，1974）、贝克（Becker，1993）结合劳动力迁移理论和人力资本理论，提出了个人技能、教育程度、健康等人力资本变量对劳动力迁移行为决策产生了重要影响。针对中国的大量实证研究表明，人力资本与乡城流动人口迁移行为之间具有正向相关关系（邢春冰等，2013；孙三百，2016；李飞和钟涨宝，2017；陈良敏和丁士军，2019）。在迁移距离方面，段成荣（2001）从认为收入和受教育程度是影响迁移距离的重要因素；对李强（2003）就教育、性别和年龄三个因素对流动距离的影响进行分析，得出受教育程度越高，流动距离越远；杨肖丽和景再方（2010）通过实证研究得出，具有某些专长、能够从事某些更高收入职业的乡城流动人口为寻求更好的工作机会而进行长距离迁移；刘彩云等（2020）对大城市流动人口迁移距离进行分析，同样得出受教育程度越高，迁移距离越远的结论。在迁移城市规模方面，王建国和李实（2015）发现，流向大城市的流动人口比中小城市的流动人口受教育程度更高，尤其是大专以上教育水平的流动人口，超大城市明显占有人才优势；维纳布尔斯（Venables，2010）、埃尔维（Elvery，2010）研究得出，技术层次越高的劳动力越偏向大规模城市，因为其从城市规模扩张中获得生产率提高更多；戴维斯和丁格（Daris and Dingel，2014）通过一个城市空间均衡模型也为此提供了证据，越大的城市拥有越高的技能溢价，即能力越强的人在大城市通过学习机制获得的好处越多，而技能越弱的人越倾向于流入小城市；尤济红和陈喜强（2019）通过实证研究也表明，个体受教育程度越高，流向大城市的概率越大。在迁移模式方面，较高的受教育水平、职业技能水平和良好的健康状况能够帮助乡城流动人口提高认知能力和在城镇的谋生能力，并通过"干中学"获取更多的技能水平，进而提升乡城流动人口的经济地位和社会地位（周密，2015），从而增强乡城流动人口对城镇的融入感和归属感，提高家庭整体迁移的可能性。

2. 社会资本与乡城流动人口迁移行为

布迪厄（Bourdieu，1984）将社会资本定义为"实际的或潜在的资源复合体，这些资源与对某种持久性网络的占有密不可分，这种网络是大家熟悉的、得到公认的、制度化的网络"，并使用社会资本概念表示精英团体使用他们的联系来再生产他们的特权。科尔曼（Coleman，1988）则将精英团体社会关系的范围扩展到了非精英团体，认为社会资本是行动者可以获得的某种资源，由个人行动者和集体行动者两个因素构成。普特南（Putnam，1993）则进一步指出，"社会资本是指社会组织的特征，诸如信任、规范以及网络，它们能够通过促进合作行为来提高社会效率"。可见，社会资本作为一种社会网络，能够促进信息流通、减少交易费用、提供非正式风险、化解手段和社会支持（马九杰和孟凡友，2003），对个人决策产生重要影响（高虹和陆铭，2010）。在迁移距离方面，仇焕广等（2017）认为，外出务工具有"同群效应"，乡城流动人口所在家族外出务工人数越多，其远距离务工的概率越高。不过，也有学者指出，使用社会资本后，迁移距离会更短。这是因为迁移距离越长，社会资本存量越小，迁移成本和风险会随之增加（孔建勋和邓云斐，2016）。关于社会资本与迁移城市规模的研究较少，乡城流动人口迁移至何种类型城市，更多取决于其自身人力资本，社会网络、社会信任对迁移城市规模的影响，较少有文献提及。在迁移模式方面，王子成和赵忠（2013）考察了劳动力外出务工、回流及再迁移的影响因素，得出社会网络资源越多，劳动力迁移的可能性越大。多数学者认为乡城流动人口依托血缘、亲缘构建起来的原始社会网络往往是其寻找第一份工作的重要手段，而依靠业缘扩展起来的新型社会网络对于其在城镇工作、定居具有显著促进作用（赵延东，2002；叶静怡和周晔馨，2011；王春超和周先波，2013；朱志胜，2015；韩叙和夏显力，2019）。社会信任是乡城流动人口在社会交往过程中双方相互信任的程度，较高的社会信任水平表现出人与人之间距离缩小，增强其对城市的认同感和归属感，进而提高其举家迁移的能力（孔祥利和卓玛草，2016）。因而，社会资本水平越高，乡城流动人口举家迁移的可能性越高。

3. 乡城流动人口迁移行为中人力资本与社会资本关系研究

基于以上分析可以看出，国内外学者针对人力资本、社会资本与迁移行为进行了丰富的研究，但是仍有两个问题尚未达成共识，一是在乡城流动人口迁移决策过程中，人力资本与社会资本孰轻孰重？二是在人力资本、社会资本匹配过程中，不同人力资本—社会资本匹配类型会对乡城流动人口迁移行为产生怎样的影响？

如前面所述，经济学理论强调市场机制的作用，认为迁移是人力资本的函数，受过良好教育、具有较高素质或专长的年轻劳动力总是最先迁移（Sjaastad，1962）。但是，许多社会学家认为，迁移过程中信息是不完全的，只有借助某些"非市场"渠道才能实现信息的有效传递，人际关系网络可以降低劳动者迁移的成本与风险，进而带来更多迁移行为的发生和迁移距离的扩张（Massey，1990；Ports et al.，1989）。以上两种不同研究取向的主要区别在于，前者强调教育、技能、健康等个体属性特征，后者强调网络规模等关系特征；前者强调个体是否占有某种资源及其资源占有的多寡，后者强调个体对网络资源的获取能力。两种研究取向相互补充，分别从个体特征及关系属性阐释了乡城流动人口个体迁移决定机制。

基于人力资本和社会资本综合视角，本书认为，乡城流动人口迁移行为受人力资本和社会资本双重影响，在迁移过程中，乡城流动人口作为理性经济人（Schultz，1964），必定会优化配置人力资本、社会资本等资源，以实现效用最大化（周晔馨等，2019），在此过程中，社会资本对人力资本具有补充和促进作用。受教育程度、技能、健康等个体属性影响人力资本积累，进而对迁移距离、迁移城市规模、迁移模式产生正向影响。以强关系为主的原始社会资本能够在乡城流动人口进入城镇初期提供关键资源，但是由于同质性强、资源信息重复，对迁移距离、迁移城市规模及迁移模式并没有显著影响。较高的社会信任水平及以弱关系为主的新型社会资本对可以促使乡城流动人口向更远的地点迁移、迁移至规模等级更高的城市，也会提升乡城流动人口在城镇的融入感和归属感，提高其举家迁移的能力。人力资本水平较低时，往往依赖强关系型的原始社会资本，在进入城镇初期获得关键信息（Lin，1999）。随着人力资本水平的提高，一部分乡城流动人口可以通过学习与再社会化的过程，扩展其弱关系（李汉林和王琦，2001；渠敬东，2001；田北海等，2013）。也就是说，虽然人力资本水平高低无法决定社会资本的规模，但是可以决定社会资本的结构和异质性。在人力资本水平较低阶段，其社会资本往往以同质性资源和重复性信息为主，此时社会资本水平高低不会对乡城流动人口迁移决策产生决定性影响；在人力资本水平较高阶段，社会资本中异质性资源增加，社会信任程度增加，会对迁移行为产生正向作用。在乡城流动人口迁移行为中，社会资本作用的发挥需要人力资本存量的配合。

4. 人力资本—社会资本匹配性影响乡城流动人口迁移行为的作用机理

一般而言，受教育水平越高，综合素质越高；有专业资格证书的乡城流动人口，在就业市场的竞争力越高；健康是人力资本存在和效能发挥的前提（Becker，1965b），健康水平越高，人力资本越可以得到充分发挥。在迁移距离方面，短距离迁移往往是在市内流动或者省内流动，乡城流动人口在迁移过程中所承担的风险损失更小，低人力资本的乡城流动人口更倾向于短距离迁移，而长距离迁移主要是迁往经济发展水平较高的城市，人力资本水平越高的乡城流动人口更有能力适应高经济发展水平城市的工作和生活，因而长距离迁移可能性越大。在迁移城市规模方面，考虑到大城市竞争更为激烈，生活成本高，低人力资本的乡城流动人口选择规模小的城市更具有比较优势；城市规模越大，就业机会越多，工资溢价现象更为明显，个人能力越能够得以充分体现，因此，具有高人力资本的乡城流动人口更倾向于迁移至更高规模的城市。在迁移模式方面，低人力资本的乡城流动人口对城镇生活的适应能力差，选择举家迁移的可能性低，人力资本水平越高，乡城流动人口在城镇谋生能力越强，进而举家迁移的可能性越大。对社会资本而言，由于社会资本具有"同群效应"，低人力资本下乡城流动人口社会资本仍以同质性高、资源信息重复性高的强关系型社会资本为主，强关系为主的原始社会资本在乡城流动人口进入城镇初期具有重要作用（叶静怡和武玲蔚，2014；韩叙和夏显力，2019），可以降低交易费用，但是也保护了乡城流动人口所具有的传统意识和小农观念（童雪敏等，2012），不利于其对城市的认同与归属，其迁移行为仍由人力资本水平决定。高人力资本决定的社会资本所触及到的社会网络等级位置更高，即便是因为社会网络规模小，人力资本仍在迁移决策中起到主导作用。人力资本水平越高，其异质性社会资源越丰富，且通过社会网络关系触及的顶端资源更高（叶静怡和武玲蔚，2014），会在迁移决策过程中提供更为有效的信息，因而对迁移决策具有正向影响。

　　本书认为，高人力资本和高社会资本的组合，使乡城流动人口更有能力适应城镇的工作和生活，进而选择长距离迁移、迁移至更高规模城市以及举家迁移的可能性更高；高人力资本和低社会资本组合下，尽管不利于构建高效的人际关系网络，但是由于其人力资本水平较高，仍然会对迁移行为产生正向影响；低人力资本和高社会资本组合下，乡城流动人口处于个人能力与组织环境不匹配的状态中，尽管人际网络较好，但是由于社会网络所接触到的顶端资源较少，社会资本难以对迁移行为发挥决定性作用；低人力资本和低社会资本组合下，乡城流动人口面对组织环境不匹配和人际网络不和谐的环境，对城镇的认同感和归属感都较低，既不利于其长距离迁移、迁移至更高规模城市，也不利于举家迁移行为的发生。

综合以上分析，本书研究的人力资本—社会资本匹配性对乡城流动人口迁移行为影响的作用机理如图 2-4 所示。

图 2-4　人力资本—社会资本匹配性对乡城流动人口迁移行为作用机理

资料来源：笔者绘制。

2.3.2　人力资本—社会资本匹配性对乡城流动人口职业选择的影响

根据工作搜寻理论和人职匹配理论，劳动力市场具有频繁重新配置职位和劳动力的特征（乐君杰，2011），社会网络规模的大小对于乡城流动人口进入城镇初期职业获得具有重要影响（陈云松等，2014）。随着在城镇工作时间的增加，乡城流动人口通过接受再教育、培训及"干中学"获取更高人力资本，较高的受教育水平、职业技能水平和良好的健康状况能够帮助乡城流动人口获取稳定的职业，提高认知能力和在城镇的谋生能力。理性选择理论认为，理性行为的发生涉及行动者、资源和利益三个基本要素（Coleman，1994），行动者的目的是最大限度实现个人利益（Massey et al.，1994；Wright and Martin，1987），行动者资源禀赋越多，目的越容易达到。拥有不同人力资本和社会资本组合的乡城流动人口会依据其自身禀赋特征，选择与其人力资本和社会资本相匹配的职业。

1. 人力资本与乡城流动人口职业选择

人力资本理论认为，人力资本状况在很大程度上决定了迁移者在劳动力市场中的表现，拥有较高人力资本的外来劳动力，往往能够在迁入地的劳动力市场上获得更好的就业机会和更高的收入（Schultz，1965）。在现代化市场社会中，个人通过教育、职业、培训等投资形成的人力资源已成为决定个人获得职业地位的重要因素（石智雷，2017）。

根据舒尔茨的人力资本理论，乡城流动人口之所以面临不同的职业选择，原因在于个体所接受的教育水平不同而选择的职业类型。对于较低教育程度的乡城流动人口而言，由于教育人力资本存量不足，导致在劳动力市场的职业选择中只能被迫选择劳动时间长、工作环境较差等各类社会声望较低的生存型职业；对于教育程度较高的乡城流动人口，教育的投资回报会使其在职业选择过程中拥有较强的主动性（赵建国和周德水，2019）。也有学者认为，职业技能在乡城流动人口职业选择中的作用甚至超过了学历教育，接受过职业培训成为乡城流动人口职业选择的最重要影响因素（张锦华和沈亚芳，2012）。

在人力资本对乡城流动人口职业身份选择方面，一部分学者的研究表明，人力资本的提升对乡城流动人口职业身份选择具有显著影响（郭琳等，2011；黄志岭，2012；王守文等，2015；景再方等，2018），因为人力资本水平更高的乡城流动人口往往会选择社会声望更高的发展型受雇职业（Yueh，2009；Wang et al.，2010；黄志岭，2012）。另一部分学者认为，人力资本水平的提升会增加劳动者个体经营能力进而提高其自雇的概率（纪韶等，2015）。出现以上两种观点，是因为受雇与自雇职业内部存在异质性。从人口迁移流动的视角看，较低人力资本的乡城流动人口最开始通常由老乡或者亲戚带动进城务工，因为没有城市务工经验，往往会被动选择生存型受雇行业或者从事生存型自雇作为过渡，等待寻求更好的工作机会。而较高人力资本的乡城流动人口具备通过正式渠道求职的能力，因而更可能从事发展型受雇或是发展型自雇，以实现更好地发展。因此，人力资本对于乡城流动人口职业选择的影响应分情况进行考虑，低人力资本的乡城流动人口更倾向于从事非正规劳动力市场的生存型职业，而高人力资本的乡城流动人口更倾向于从事正规劳动力市场的发展型职业。整体来看，人力资本对于乡城流动人口职业身份的选择应当分情况进行考虑。

2. 社会资本与乡城流动人口职业选择

林南（2004）将社会资本定义为"行动者在行动中获取和使用的嵌入在社会网络中的资源"，在乡城流动人口职业选择过程中，其社会资本可以被视为"在寻找工作的过程中，动员或使用过，并发挥了决定性作用的关系网络资源"（田北海等，2013）。基于中国劳动力市场的经验表明，乡城流动人口通过社会资本动员的资源对其工作搜寻和岗位获取具有积极作用（Bian and Huang，2009）。在市场化机制不完善的情况下，乡城流动人口更可能依赖社会资本进入城镇劳动力市场，进而通过传递及时准确的信息帮助其尽快锁定目标岗位，实现与职位的匹配（孙宇等，2017）。在获得职位后，还可以通过互信机制，提高乡城流动人口在组织内部不同层级职位之间的嵌入程度（邓睿，2020）。

在社会资本对乡城流动人口职业身份选择方面，社会资本对其职业身份选择的影响也不尽相同。当人力资本水平较低时，乡城流动人口为进行生存，只能在非正规劳动力市场从事劳动强度大、缺乏保障的生存型职业。在这个阶段，由于自雇职业较受雇职业工作更为灵活，收入高，因此，社会资本水平越高，乡城流动人口通过关系网络获得的信息越多，越倾向于选择自雇职业，此时的自雇更多为生存型自雇。在人力资本处于较高阶段时，根据地位获得理论（边燕杰，2012），乡城流动人口本身具备通过人力资本获得工作的能力，而自雇职业由于风险大，受传统观念的影响以及风险规避心态，乡城流动人口更倾向于选择受雇职业，此时受雇多为发展型受雇。

3. 乡城流动人口职业选择过程中人力资本与社会资本关系研究

根据理性小农理论（Schultz，1964），乡城流动人口人力资本、社会资本均可以被视为一种工具性资产，在其职业选择的过程中，必定会优化自身人力资本、社会资本配置，以实现收益最大化。对于低人力资本乡城流动人口而言，其较低的受教育程度和职业技能特征使其通常被限制在次级劳动力市场中从事低工资水平、高劳动强度的非正规就业工作，此类劳动力市场的强竞争关系以及劳资双方信任约束机制的不完善，往往需要社会资本这种非正式制度加以弥补。根据社会资本同质性原则（Mcpherson，2001），当乡城流动人口人力资本水平较低时，其社会资本往往以强关系型社会资本为主，此类社会资本的同质性较强、信息资源重复明显（叶静怡和周晔馨，2014），此时无论社会网络规模大小，其职业类型均以次级劳动力市场中生存型职业为主。且由于人力资本的缺乏，社会资本可能会成为最重要的求职渠道（吴愈晓，2010）。对于拥有较高人力资本的乡城流动人口而言，根据地位获得理论（边燕杰，2012），其本身就具备通过正式渠道求职的能力和生活，会更多依赖人力资本实现与职位的匹配，然而由于在乡城流动人口群体中，其高人力资本水平也仅仅是相对的，虽然人力资本发挥决定性作用，但是社会资本的作用同样重要。

4. 人力资本—社会资本匹配性影响乡城流动人口职业选择的作用机理

由于劳动力市场存在分割（Robert and Paul，1971），在人力资本水平较低时，乡城流动人口只能通过老乡、亲友等关系介绍进入劳动力市场，由于其缺乏教育、职业培训或者健康程度较低，只能在次级劳动力市场从事进入门槛低、劳动保障程度低、收入较低的工作，这类工作属于以体力劳动为主的生存型受雇或是不需要办理复杂手续、不需要过多成本的生存型自雇。但是由于人力资本水平和社会资本水平均较低，乡城流动人口很难了解如何自雇，选择生存型受雇的概率要高于选择生存型自雇的概率。当在城市积累到一定社会资本后，乡城流动人口为争取更自由的时间、获得更高的收入，通过关系网络信号选择自雇的可能性会上升。根据社会资本的同质性命题（McPherson et al.，2001），由于人们倾向于跟自己比较相似的人交朋友或发生联系，在人力资本水平较低时，其社会资本仍是以同质性较强的关系网络为主，此时的自雇同样为生存型自雇。

当乡城流动人口通过接受教育、培训或是"干中学"获得更多的人力资本积累时，会跨越职业阶层，实现职业的向上流动（石智雷，2015），根据地位获得理论，拥有高人力资本的乡城流动人口本身具备通过正式渠道获得职业的能力和资格（吴愈晓，2010），当社会资本水平较低时，乡城流动人口更倾向于获得发展型受雇职业。当社会资本水平较高时，乡城流动人口还可能由于可以较好地处理人际关系和协调事物而获得发展型自雇。但是由于受传统思想影响及乡城流动人口个体风险规避思想，选择发展型受雇的可能性会大于发展型自雇的可能性。

本书认为，高人力资本和高社会资本组合下，乡城流动人口较高的人力资本和社会资本禀赋会对其发展型职业的获得具有显著正向影响，且选择发展型受雇可能性大于发展型自雇；高人力资本和低社会资本的组合下，尽管乡城流动人口社会网络水平较低，但是其较高的人力资本水平可以跨越职业阶层，实现向上的职业流动，仍会对发展型受雇职业的获得具有显著正向影响；低人力资本和高社会资本组合下，由较低人力资本决定的社会资本的同质性较强，该种资源重复的社会网络对于生存型自雇和生存型受雇职业的获得具有显著正向影响；低人力资本和低社会资本组合下，乡城流动人口由于自身能力的缺乏从事生存型受雇职业的可能性更高。

综合以上分析，本书研究的人力资本—社会资本匹配性对乡城流动人口职业选择影响的作用机理如图 2-5 所示。

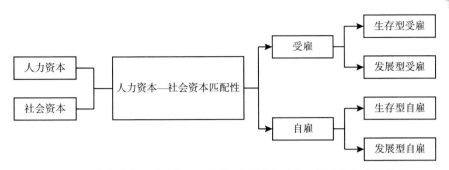

图 2 – 5 人力资本—社会资本匹配性对乡城流动人口职业选择作用机理

资料来源：笔者绘制。

2.3.3 迁移行为在人力资本—社会资本匹配性对职业选择中的作用机理分析

在一定外部条件下，人力资本和社会资本水平的高低都会对乡城流动人口迁移决策产生影响（朱志胜，2015；陈昭玖和胡雯，2016；陈良敏等，2018；韩叙和夏显力，2019），也对其职业选择产生影响（石智雷，2015；屈小博和余文智，2020），人力资本和社会资本的不同组合状况对迁移决策和职业选择的影响也不尽相同。迁移行为在人力资本—社会资本匹配对职业选择的影响中，既可能发挥中介作用，也可能发挥调节作用。对乡城流动人口人力资本—社会资本匹配性、迁移行为和职业选择三者之间关系的研究，有助于理解乡城流动人口在城镇的禀赋状况、制定合理的迁移决策并选择与自身禀赋更加匹配的工作。

1. 迁移行为对乡城流动人口职业选择的作用机理分析

迁移距离理论认为，短距离流动状态下，原有的社会关系可以维持，或者由于地域、习俗相似，新关系可以很快建立起来。而长距离迁移往往需要迁入不同的环境，关系难以建立（Tolley，1963；李竞能，2004；杨肖丽和景再方，2010）。多数文献表明，迁移距离的远近会对乡城流动人口心理及生理健康带来影响（秦立建等，2014），例如，远距离迁移的乡城流动人口由于对流入地的认同感和归属感不高，进而影响其城市融入（卢小君，2019），迁移距离还会对乡城流动人口自雇职业的选择带来影响（杨肖丽和景再方，2010；王晓峰和张幸福，2019）。因此，相对于短距离迁移，长距离迁移的乡城流动人口由于社会网络资源较少、获取信息机制渠道少、社会信任水平低，其从事自雇职业的可能性也较小。而对于受雇职业，迁移距离对职业选择的影响并不确定。由于二元劳动力市场分割存在（Robert and Paul，1971），当人力资本水平较低时，乡城流动人口受教育水平低、职业技能缺乏，只能在次级劳动力市场从事生存型受雇；当人力资本水平较高时，乡城流动人口有能力从事发展型受雇。无论是由于乡城流动人口为生计选择被迫远距离迁移还是为实现自身价值主动进行远距离迁移，迁移距离的改变对乡城流动人口受雇职业选择的影响并不确定。

在迁移城市规模方面，大城市本身具有较高的生产率（王建国和李实，2015），人口规模或集聚外部性提高了劳动生产率和工资水平，提高了劳动力匹配效率，促进了知识溢出（Glaeser，1999；Duranton and Puga，2003），而这种溢出更多发生在高技术或高技能行业。同时，大城市具有更强的"厚劳动力市场效应"和"学习效应"（陆铭等，2012），一方面，在人口规模较大的城市中，劳动力市场的供给和需求都比较丰富，就业机会多，乡城流动人口更可能找到与自身人力资本水平相匹配的职业，从而提高了人职匹配程度；另一方面，企业在大城市集聚可以获得集聚效应和规模效应，乡城流动人口可以通过接受再教育、技术培训、经验积累、"干中学"等途径获得与大城市劳动力市场需求相匹配的人力资本和社会资本，进而跨越职业阶层，实现职业的向上流动。因此，大城市可以提高乡城流动人口从事发展型受雇职业的可能性。对于小城镇或中小城市，由于企业集聚效应低，乡城流动人口无法获得由于技术外溢、范围经济带来的好处（李瑞和刘超，2019b），因而经验回报较少，人力资本积累较大城市低。因此，在受雇、自雇两种职业类型选择中，由于大城市创业成本、经营成本较高，乡城流动人口在大城市从事生存型自雇的可能性要远远低于小城镇或中小城市。但是大城市由于资源多、可以接触到行业最新动态，因而城市规模对于乡城流动人口从事发展型自雇职业具有正向影响。

在迁移模式方面，对于人力资本水平较低的乡城流动人口而言，举家迁移中家庭成员可以为乡城流动人口在自雇创业的初期提供情感支持和精神慰藉，个体拥有的精神和物质支持越多，越有可能从事自雇经营（朱志胜，2019）。但是家庭迁移模式的改变对乡城流动人口自雇职业的选择需要考虑人力资本变化。举家迁移者由于家庭共同利益和血缘关系形成的自雇创业所需要的团结互信、劳动力供应和经济支持更多，更倾向于选择自雇职业（Sanders and Nee，1996；毛丰付，2014）。

2. 迁移行为在人力资本——社会资本匹配性影响乡城流动人口职业选择过程中的作用机理分析

人力资本——社会资本匹配性对乡城流动人口职业选择的影响，不仅包括直接影响，还可能包括间接影响。人力资本——社会资本匹配性还可能通过影响迁移行为这一作用渠道，间接影响乡城流动人口职业选择。根据前面分析可知，乡城流动人口人力资本——社会资本匹配程度越高，意味着人力资本和社会资本水平均较高，会对迁移行为产生正向影响，进而间接影响其职业选择。作用机理如图 2-6 所示。

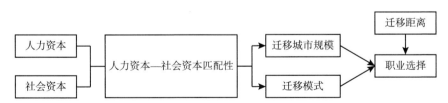

图 2-6　迁移行为在人力资本——社会资本匹配性对职业选择影响中作用机理

资料来源：笔者绘制。

2.4 本章小结

本章首先对人力资本、社会资本、人力资本—社会资本匹配性、乡城流动人口、核心家庭、迁移行为、职业选择等核心概念进行了界定，厘清了相关概念的内涵和外延；其次，在人力资本理论、社会资本理论、劳动力迁移相关理论、计划行为理论、理性选择理论、工作搜寻理论、人职匹配理论、劳动力市场分割理论等相关理论指导下，构建人力资本—社会资本匹配性对迁移行为和职业选择影响的理论分析框架，阐明人力资本—社会资本匹配性对迁移行为、职业选择的影响及迁移行为在人力资本—社会资本匹配对职业选择中的作用机理，为后面实证研究的展开奠定理论基础。

第3章

乡城流动人口迁移历程、
现状及未来趋势

3.1　引言

改革开放40多年来，农村劳动力流动无疑是中国经济崛起和社会发展中最为波澜壮阔的历史画卷（张广胜和田洲宇，2018），亿万农村劳动力从农村涌入城市，推动了工业化、城镇化发展的进程，加快了整个国家的现代化。据《中国流动人口发展报告2018》统计，仅2017年就有2.44亿人参与到迁移大军中来，其中乡城流动人口占到80%以上（国家卫生和计划委员会流动人口司，2018）。对于乡城流动人口个体及其家庭，迁移意味着生活水平的提高和生计风险的降低。对于流入地，乡城流动人口也为流入地的城市经济和社会发展作出巨大贡献。随着新型城镇化战略的实施，国家户籍制度改革提上议程，乡城流动人口在迁移时间、迁移地域及职业选择方面更具自主性，其迁移特征发生了根本性的变化。本章依据时间脉络，回顾中华人民共和国成立以来乡城流动人口迁移历程，对当今乡城流动人口迁移特征进行进一步分析，并对乡城流动人口迁移趋势的未来进行展望。

3.2 乡城流动人口迁移历程

王桂新（2019）以 1978 年党的十一届三中全会召开为界，将中华人民共和国成立 70 年来我国的人口迁移整体划分为改革开放前及改革开放后两个阶段，本章延续该种划分方法。改革开放前，我国以社会主义计划经济体制为主导，人口迁移受计划经济体制制约明显；改革开放后，我国由计划经济体制逐步向社会主义市场经济体制转变，在此阶段，人口迁移也随着经济体制表现出一定程度上的市场化特征。因此，本章从改革开放前及改革开放后两个阶段对乡城流动人口迁移历程进行回顾。

3.2.1 改革开放前的人口迁移历程

1. 1949～1952 年，自发性迁移占据主流地位

中华人民共和国成立初期以恢复经济发展作为首要任务，农村人口可自由进入城市，自由流动。这一时期户籍制度尚未建立，各种法律法规均提出保障农村人口自由流动，人口迁移十分活跃，不仅有政府组织的计划型人口迁移，也有农村人口自发性迁移，其中农村人口的自发性迁移甚至是当时人口迁移的主流（王桂新，2019）。

2. 1953～1977 年，严格管控，限制流动阶段

1953 年，第一个五年计划开始实施，部分农村剩余劳动力开始向城市涌入。但是，由于城市工业部门所需劳动力数量是既定的，因此，大部分农村剩余劳动力在城镇处于待业状态，在这种背景下，限制盲流

进入城市的政策开始出现，《中共中央　国务院关于制止农村人口盲目外流的指示》中强调要有组织、有计划地调配劳动力，此后，一系列的政策文件出台，限制农民进入城市。

在这一阶段，城乡二元体制开始形成（黄祖辉和胡伟斌，2019）。与此同时，较为完善的户籍管理制度及与之配套的制度也日趋完善（李厚刚，2012）。整体来看，改革开放前的人口迁移表现出由农村短暂迁入城市又转变为城市迁往农村的"U"型迁移周期（王桂新，2019）。这一时期的人口迁移以政府主导的计划型迁移为主，主要表现为城市招工、农民顶班、青年参军、高考分配和农民支援边疆（谯珊，2017；陈咏媛，2019），农民自主流动困难。《中国统计年鉴》相关数据显示，1952～1957年，城镇人口从 7 163 万人增加到 9 949 万人，而在 1962 年后，由于政策收紧，农民很少离开家乡，并一直持续到 70 年代末期（见图 3 – 1）。

图 3 – 1　1950～1975 年我国人口迁移率变化情况

资料来源：阎蓓. 新时期中国人口迁移［M］. 长沙：湖南教育出版社，1999 年.

3.2.2　改革开放后的人口迁移历程

改革开放以来，我国人口迁移率呈现上升的趋势，具体发展变化特征可以分为五个阶段（见图 3 – 2）。

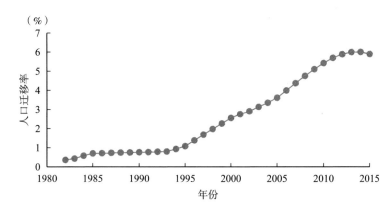

图 3 - 2　1980 ~ 2015 年我国人口迁移率变化情况

资料来源：根据国家统计局数据整理得出。

1. 1978 ~ 1983 年，改革开放初期，就地转移初期阶段

1978 年，随着家庭联产承包责任制的实施，大量农村剩余劳动力从土地中解放出来，这一时期，国家允许私人投资和经营企业，乡镇企业异军突起，吸收了大量的农村剩余劳动力，"离土不离乡""进厂不进城"成为这一阶段典型特征（黄祖辉和胡伟斌，2019）。然而，由于不可避免的政策性因素存在，知青返乡、干部职工落实摘帽这两项政策使得城镇就业岗位供应不足（陈咏媛，2019）。因此，限制农村劳动力转移的政策仍在陆续颁布。

2. 1984 ~ 1991 年，就地转移为主，人口流动缓慢发展阶段

随着城市经济体制改革的深入，城市对劳动力的需求增加，在这种背景下，打破城乡二元结构开始提上议程。1985 年，居住证制度开始实施，有效缓解了发达地区二三产业快速发展中的用工短缺难题。然而，人口大规模涌入对流入地城市人口和环境承载能力、就业、管理等方面带来了挑战，在这种情况下，1989 年，国务院颁布了《关于严格控制民工盲目外出的紧急通知》，再次限制农村劳动力外出流动，1989 ~ 1991 年，农民工外出数量略有回落。

这一时期，我国人口政策为农村劳动力的转移清扫了障碍，但鉴于对城镇化进程中成本考量，政府仍倾向于支持农村剩余劳动力的就地转移，对异地转移则采取更为小心谨慎的态度（董晨熹，1998）。

3. 1992～2000 年，由就地转移向异地转移转变

1992 年，社会主义市场经济体制的确立对城市劳动力市场供需情况产生了积极影响。在此背景下，农村劳动力跨省流动再次被提上议程，小城镇户籍制度改革开始实施，为农村劳动力异地转移提供了制度保障。总体来说，20 世纪 90 年代，在大力推进城镇化进程的背景下，农村劳动力就地转移制度日趋完善。

4. 2001～2011 年，保障劳动力异地转移

2001 年，全球化浪潮对我国社会经济的影响日益显现，农村劳动力由中西部内陆地区流入东部沿海地区愈加频繁。相比 20 世纪 90 年代，农村劳动力异地转移更加受政府关注，并在制度设置上从管控逐渐发展为服务。此外，一系列区域性的战略，如西部大开发战略、振兴东北老工业基地战略、中部崛起战略等，需要较多的用工需求，也使得劳动力跨省转移日趋频繁。

5. 2012 年至今，多元推动农村劳动力转移

2012 年党的十七大以来，围绕推进"以人为核心的新型城镇化战略"并引导农村劳动力有序流动和农业转移人口市民化，我国实施严格控制大城市人口规模，逐步放开中小城市的落户政策。该时期政策的一个重要特点是，严格保障农民工合法权益。在就业方面，大力推动"大众创业、万众创新"，强调促进农民工就业与大学生就业并重，广泛开展农民工职业技能培训，加快发展家庭服务、电子商务、快递物流业等新业态，促进农民工多渠道就业，从多个方面积极推动农村劳动力转移。

基于宏观视角的乡城流动人口迁移现状分析

3.3.1 流动人口规模整体提升，人口流动向东部沿海地区集聚

本书结合全国人口第五次、第六次普查数据、《中国统计年鉴》以及《农民工监测调查报告》相关数据资料，对宏观视角的乡城流动人口迁移状况进行描述。如图 3 - 3 所示，2010 年中国流动人口规模为 2.21 亿，占全国总人口的 16.42% 。2014 年中国流动人口规模为 2.53 亿，到达近年来流动人口规模顶峰，2018 年中国流动人口规模回落至 2.41 亿，虽然在短期内流动人口规模略有下降，但 2010～2018 年，流动人口规模整体提升，2018 年流动人口规模占全国总人口的 17.21% ，从整体看，我国已经进入人口流动性社会（段成荣，2019）。

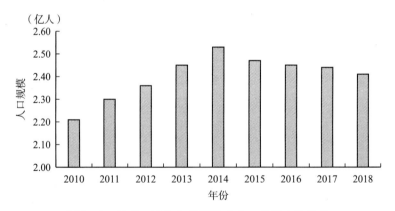

图 3 - 3　2010～2018 年我国流动人口规模变化情况

资料来源：根据国家统计局数据整理绘制。

全国人口第六次普查数据、2012～2019 年《农民工监测调查报告》

数据资料显示，乡城流动人口是流动人口的重要组成部分，第六次人口普查数据中，乡城流动人口占全国流动人口总量的 63%，充分说明了乡城流动人口在流动人口中的主体地位。图 3-4 为农民工总量增长变化情况，可以看出，2011~2019 年，农民工总量在增长，但是增速有所下降，与流动人口规模变化走势相吻合。根据《2018 年中国统计年鉴》中人口统计数据显示，城镇人口占总人口比重最高的前 5 个省市依次是上海、北京、天津、广州、浙江，说明人口流动具有非常明显的向东部沿海地区聚集的空间地理特点，而迁出地则主要分布在中西部的人口大省，人口净迁出比例最高的省份依次为安徽、江西、湖南。

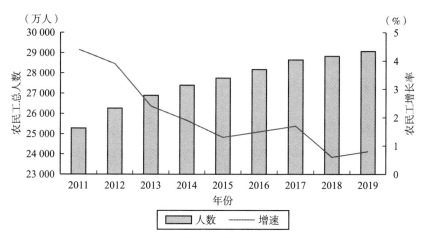

图 3-4 2011~2019 年我国农民工总量增长变化情况

资料来源：国家统计局发布的历年《农民工监测调查报告》。

3.3.2 人口流动以省内流动为主，区域之间差异明显

第六次全国人口普查数据显示，省内流动占流动人口总规模的 58%。薛彩霞等（2020）基于 2011~2017 年流动人口动态监测调查数据分析结果表明，流动人口省际流动占比为 50.63%，省内流动占比 49.37%，在省内流动中，以省内跨市流动为主，占比 30.29%，市内流

动占比仅为19.08%。由图3-5可知,2012~2019年,全国外出农民工省内流动数量和占比呈逐年上升趋势,跨省流动数量和占比呈下降趋势。造成这种现象的原因,一方面,由于大城市高昂的生活成本导致外出农民工无法在大城市安家立业;另一方面,就近城镇化等相应政策的出台引导产业链从大中城市向中小城市特别是县城转移,吸引了各类生产要素和市场要素向县城集中,实现劳动力就近转移。

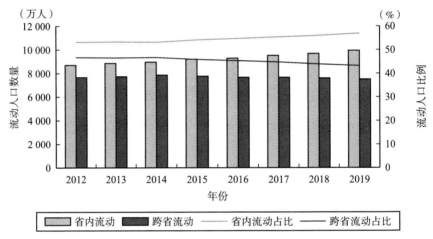

图3-5 2012~2019年全国外出农民工省内流动与跨省流动比较分析

资料来源:国家统计局发布的历年《农民工监测调查报告》。

分区域来看,在全部外出农民工中,按输出地分,东部地区省内流动占比82.9%,跨省流动占比17.1%;中部地区省内流动占比40.8%,跨省流动占比59.2%;西部地区省内流动占比51.6%,跨省流动占比48.4%;东北地区省内流动占比70.2%,跨省流动占比29.8%(见图3-6)。可以看出,外出农民工已经形成省内跨市为主、省际迁移为辅的分布特征。东部地区和东北地区以省内流动为主;中部地区省际流动占比较大,是主要的人口输出地;西部地区由于人口密度低,土地、空间及其他自然资源较为丰富,加之西部大开发战略的逐步实施,人口回流趋势显现,省内流动、省际流动占比相差不大。

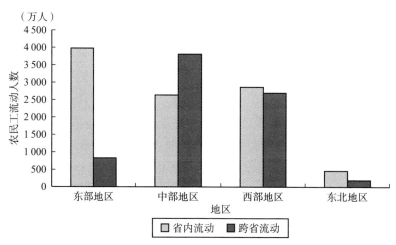

图 3 - 6 2019 年全国外出农民工区域内部省内流动与跨省流动比较分析

资料来源：国家统计局发布的历年《农民工监测调查报告》。

图 3 - 7 显示了 2016 ~ 2019 年全国外出农民工区域分布情况，由图
3 - 7 可以看出，流入东部地区的农民工占据了绝大部分，但是呈现逐
年递减态势；中西部地区差别不大，且呈现逐年上升趋势；东北地区变
化不明显。人口流动从东部地区向中西部地区流动趋势开始显现。

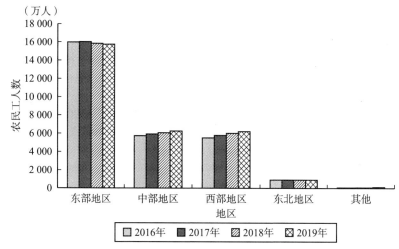

图 3 - 7 2016 ~ 2019 年全国外出农民工区域内部分布情况（按输入地分）

资料来源：国家统计局发布的历年《农民工监测调查报告》。

3.3.3 乡城流动人口迁移模式以家庭整体迁移为主

大量研究表明，近 20 年来，我国流动人口经历了明显的家庭化过程（盛亦男，2014b；吴帆，2016；王文刚等，2017）。2015 年全国流动人口动态监测数据显示，流动人口家庭平均成员人数为 2.61（国家卫计委流动人口司，2016）。2016 年流动人口发展报告也指出，中国流动人口的特征除了规模稳定且巨大，流动形式的非个体化趋势越发明显。图 3 - 8 显示了 2008～2014 年，举家外出农民工规模和比例都呈递增趋势。段成荣等（2013）将流动人口家庭化过程分为四个阶段：个人外出流动、夫妻双方共同流动、夫妻双方携带未成年子女参加流动、其他亲属随同流动。目前，我国正处于第二阶段到第三阶段转化的初期，预期会有更多的家庭成员特别是儿童、老人将加入流动进程中来（段成荣等，2018a）。

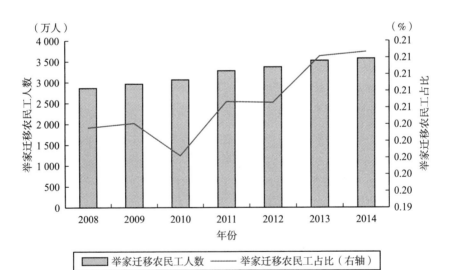

图 3 - 8　2008～2014 年全国外出农民工举家外出分布情况

资料来源：国家统计局发布的历年《农民工监测调查报告》。

3.3.4 行业分布以制造业和建筑业为主，呈多样化态势

如图 3-9 所示，外出农民工从事行业首先以制造业为主，占 27.4%；其次为建筑业，占 18.7%；服务业及批发零售业次之，分别占 12.3% 和 12.9%；交通运输和餐饮业均占 6.9%。可以看出，餐饮、新兴服务业正在成为外出农民工就业的重要选择。随着产业结构的升级、城镇化的迅速发展，都会使农民工的就业结构、就业方式在未来继续发生变化。

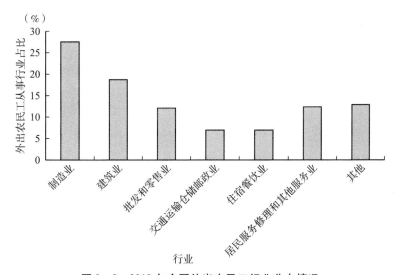

图 3-9　2019 年全国外出农民工行业分布情况

资料来源：国家统计局发布的《2019 年农民工监测调查报告》。

3.4　基于样本群体的乡城流动人口迁移现状分析

3.4.1　基于样本群体的乡城流动人口迁移距离分析

参照前人研究成果（谢东虹，2016；景再方等，2019），以及根据

对 CLDS 调查问卷中迁移距离分类，本章将乡城流动人口迁移距离分为三种类型：市内迁移、省内跨市、省际迁移。

CLDS2014 年数据的样本群体中，迁移距离为"市内迁移"的乡城流动人口为293，占2014年乡城流动人口的21.49%；迁移距离为"省内跨市"的乡城流动人口为350，占2014年乡城流动人口数的25.65%；迁移距离为"省际迁移"的乡城流动人口共725，占2014年乡城流动人口的52.85%。可以看出，在2014年乡城流动人口中，"省际迁移"所占比重略高于"省内跨市"及"市内迁移"所占比重。

CLDS2016 年数据样本群体中，迁移距离为"市内迁移"的乡城流动人口为356，占2016年乡城流动人口数量的22.75%，较2014年相比，"市内迁移"所占比例略有提升；迁移距离为"省内跨市"的乡城流动人口共有413，占2016年乡城流动人口的26.41%，与2014年水平基本保持一致；迁移距离为"省际迁移"的乡城流动人口为791，占2016年乡城流动人口的50.83%。省际迁移占比有所下降，迁移距离为"省内跨市"占比有所提升（见图3-10）。

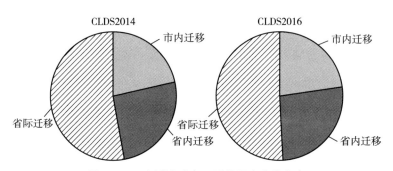

图3-10　乡城流动人口迁移距离占比分布

资料来源：根据 CLDS 数据整理绘制。

3.4.2　基于样本群体的乡城流动人口迁移城市规模分析

城市规模参照中国 2014 年颁布的《新型城镇化规划》中城镇分类标

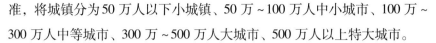

准，将城镇分为 50 万人以下小城镇、50 万 ~100 万人中小城市、100 万 ~300 万人中等城市、300 万 ~500 万人大城市、500 万人以上特大城市。

CLDS2014 年数据的样本群体中，迁移至"小城镇"的乡城流动人口为 93，占 2014 年乡城流动人口数量的 6.79%；迁移至"中小城市"的乡城流动共有 129，占 2014 年乡城流动人口数量的 9.42%；迁移至"中等城市"的乡城流动人口为 363，占 2014 年乡城流动人口数量的 26.53%；迁移至"大城市"的乡城流动人口共 417，占 2014 年乡城流动人口数量的 30.47%；迁移至"特大城市"的乡城流动人口共 366，占 2014 年乡城流动人口数量的 26.75%。可以看出，在 2014 年乡城流动人口中，迁移至"大城市"的乡城流动人口比例最高，"中等城市"和"大城市"占比相差不大，迁移至"小城镇"的乡城流动人口比例最低，说明了乡城流动人口样本群体的明显大城市偏好。

CLDS2016 年数据的样本群体中，迁移至"小城镇"的乡城流动人口为 75，占 2016 年乡城流动人口数量的 4.81%，与 2014 年相比，迁移至"小城镇"所占比例略有下降；迁移至"中小城市"的乡城流动人口共 165，占 2016 年乡城流动人口的 10.58%，与 2014 年水平相比略有提高；迁移城市规模为"中等城市"的乡城流动人口数量为 419，占 2016 年乡城流动人口数量的 26.86%，与 2014 年水平相比略有上升；迁移至"大城市"的乡城流动人口样本群体数量为 511，占 2016 年乡城流动人口数量的 32.76%，较 2014 年相比，迁移至"大城市"所占比例略有上升；迁移至"特大城市"的乡城流动人口为 390，占 2016 年乡城流动人口样本群体的 25%，与 2014 年水平相比略有下降。由图 3-11 可以看出，较 2014 年相比，2016 年乡城流动人口迁移至"小城镇"和"特大城市"比例有所下降，迁移至"中小城市""中等城市"和"大城市"比例有所上升，但是整体迁移趋势仍是以"中等城市""大城市"和"特大城市"为主，说明了乡城流动人口明显的大城市偏好，也说明了随着新型城镇化政策的引导，乡城流动人口迁移至"中小城市"和"中等城市"的趋势开始出现。

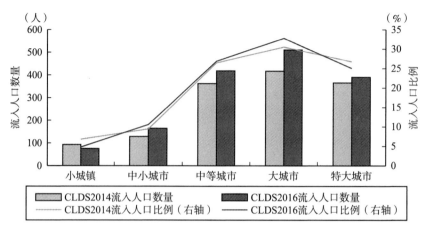

图 3 – 11　乡城流动人口迁移城市规模分布

资料来源：根据 CLDS 数据整理绘制。

3.4.3　基于样本群体的乡城流动人口迁移模式分析

根据对 CLDS 调查问卷的分析以及上文中关于核心家庭范围的界定，并借鉴相关研究成果（盛亦男，2016；吴帆，2016；王文刚等，2017），本书将乡城流动人口迁移模式分为三种类型：个体迁移、部分成员迁移和举家迁移。

CLDS2014 年数据的样本群体中，迁移模式为"个体迁移"的乡城流动人口为 381，占 2014 年乡城流动人口样本群体数量的 27.39%；迁移模式为"部分成员迁移"的乡城流动人口共 478，占 2014 年乡城流动人口样本群体数量的 34.36%；迁移模式为"举家迁移"的乡城流动人口共 532，占 2014 年乡城流动人口数量的 38.25%。由此可见，在2014 年乡城流动人口中，"个体迁移"所占比例较小，"家庭整体迁移"在三种模式中所占比例最大。

CLDS2016 年数据的样本群体中，迁移模式为"个体迁移"的乡城流动人口为 408，占 2016 年乡城流动人口数量的 26.54%，较 2014 年相比，"个体迁移"比例有所下降；迁移模式为"部分成员迁移"的乡城流动人口共 515，占 2016 年乡城流动人口数量的 33.51%，与 2014 年水平基本保持一致；迁移模式为"举家迁移"的乡城流动人口数量为 614，占 2016 年乡城流动人口数量的 39.95%。家庭整体迁移比例不断增加，家庭整体迁移已经逐步成为我国乡城流动人口迁移的主要模式（见图 3-12）。

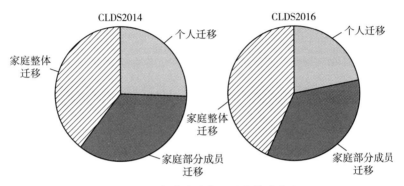

图 3-12 乡城流动人口迁移模式分布

资料来源：根据 CLDS 数据整理绘制。

3.5 乡城流动人口迁移未来趋势分析

3.5.1 乡城流动人口规模仍将持续保持增长，但增速趋于放缓

根据 2010~2018 年我国流动人口规模变化情况分析可知，近年来我国流动人口规模整体提升，并在 2014 年底达到最高值，在流动人口中，尤其以乡城流动人口更为明显。2015 年流动人口规模虽然有所下降，但这种下降更多是由于短期经济波动、新增农村人口队列规模暂时性缩小和统计误差调整造成的（段成荣等，2019）。《中国流动人口发展报告 2018》显示全国流动人口规模从 2015 年起从持续上升转为缓慢下降，2016 年全

国流动人口规模比 2015 年减少了 171 万，2017 年继续减少了 82 万，我国流动人口规模在经历长期快速增长后开始进入调整期。多数研究表明，与 2010～2014 年流动人口每年 1 000 万～1 300 万的增量及其对应的增速相比，未来流动人口规模会放缓，并可能由于人口、经济、政策等相关因素的影响发生波动，但是流动人口持续增加的总趋势是确定的。

3.5.2 乡城流动人口家庭整体迁移比例继续上升，家庭结构继续扩大

众多研究表明，乡城流动人口家庭整体迁移趋于稳定化，虽然基于不同时间、不同区域、不同数据得出的迁移比例不同，但是家庭整体迁移的趋势是一致的，目前以夫妻携子女流动的核心家庭为主（盛亦男，2014b；崇维祥和杨书胜，2015；陈素琼和张广胜，2017）。CLDS2014 年数据的样本群体中，乡城流动人口"家庭整体迁移"所占比例为 39.45%，到 2016 年，这一比例上升至 43.47%。2017 年、2018 年、2019 年农民工监测调查报告均显示夫妻共同流动占比有所提升，且在城市的归属感稳定。基于流动人口动态监测数据的分析也表明，流动家庭中以家庭核心成员共同流动为主（马肖曼，2016）。在未来，乡城流动人口迁移过程中家庭结构会继续扩大，并由夫妻携子女的核心家庭向夫妻携子女、父母共同流动的主干家庭转变（段成荣等，2020b）。

3.5.3 乡城流动人口省内迁移占比逐渐增加，定居更倾向于中小城市

CLDS2014 年数据的样本群体显示，乡城流动人口"市内迁移"和"省内跨市"占比总和为 47.15%。到 2016 年，这一比例上升至 49.17%，较 2014 年提升 2.02 个百分点。基于流动人口动态监测数据的结果也表明，乡城流动人口迁移以省内跨市为主。在定居地点选择方

面，较多研究结果表明乡城流动人口更倾向于选择中小城市（聂伟和王小璐，2015；孙学涛等，2016），与大城市相比，中小城市的经济成本相对较低，落户更为容易，众多研究表明，在推进新型城镇化建设的路径方面，中小城市是首要选择（叶俊焘和钱文荣，2016）。

3.6　本章小结

本章对乡城流动人口迁移的历程、现状进行了分析，并对迁移趋势进行了展望。主要研究有以下三点。

第一，乡城流动人口迁移历程从改革开放前与改革开放后两个时间段进行了回顾。改革开放前人口迁移历程分为两个阶段，1949～1952年，自发性迁移占据主流地位。1953～1977年，严格管控，限制流动阶段。改革开放以来的人口迁移历程表现为四个阶段，1978～1983年，改革开放初期，就地转移初期阶段。1984～1991年，就地转移为主，人口流动缓慢发展阶段。1992～2000年，由就地转移向异地转移转变。2001～2011年，保障劳动力异地转移。2012年至今，多元推动农村劳动力转移。

第二，目前，我国乡城流动人口规模整体提升，人口流动向东部沿海地区集聚。人口流动以省内流动为主，区域之间差异明显。乡城流动人口以举家迁移为主，更倾向于定居中小城市。

第三，基于乡城流动人口迁移未来趋势分析发现，尽管未来流动人口规模放缓，但是流动人口持续增加的总趋势是确定的。乡城流动人口家庭整体迁移比例继续上升，家庭结构由夫妻携子女的核心家庭向夫妻携子女、父母共同流动的主干家庭转变。随着乡城流动人口迁移比例的上升，其永久迁移意愿也在增强，并且年轻一代开始成为迁移的"主力军"。在迁移距离方面，乡城流动人省内迁移占比逐渐增加，更倾向于在中小城市定居。

第4章

乡城流动人口人力资本—社会资本
匹配性测度与分析

4.1 人力资本与社会资本指标体系构建

4.1.1 人力资本构成

人力资本是对劳动力资源进行开发性投资所形成的可以带来财富增值的体力和智力形态的资本，具体表现为劳动者的知识、技能和健康状况等，其中正规教育和在职培训是两种主要的投资形式（Schults，1960）。乡城流动人口人力资本的质量决定了其在迁移及职业选择的过程中能否运用其他资本。本书参考夏普（Sharp，2003）、李小云等（2005）、布朗等（Brown et al.，2010）、陈昭玖等（2016）、卢海阳等（2019）的研究，选取主事者受教育年限、技能证书数量以及自评健康作为乡城流动人口人力资本的主要测量指标。

4.1.2　社会资本构成

社会资本是指乡城流动人口在流入地的社会资源，在此过程中，社会网络和社会信任是社会资本的关键表征（Putnum et al.，1995），社会网络关系的扩张和社会信任的增进有助于社会资本存量的提升（蔡起华等，2015）。本章参考王春玲（2012）、王春波等（2013）、叶静怡等（2014）、龚冬生等（2019）、周晔馨等（2019）研究成果，选取社会网络规模、人情往来支出占比、与周围人信任程度作为测量指标。社会网络规模主要通过在流入地关系密切的朋友个数来反映，人情往来支出是社会网络规模的侧面反映，人情往来支出占比越高，暴露在外部信息的概率越大，越能改善其认知能力（冯晓龙，2017a）。乡城流动人口对流入地居民信任程度越高，越能提高对外界信息的信任程度，进而社会资本状况越好。

4.1.3　人力资本与社会资本指标体系构建

综合以上结果分析，选择主事者受教育年限、技能证书数量、自评健康三项作为衡量乡城流动人口人力资本的主要指标，在以往关于受教育年限的分析中，受教育年限将知识积累机械地定义为时间的线性函数，或者说将诸如小学 1 年和大学 1 年这类显然不均质的知识量默认为相等，违背了知识积累的非线性规律（周德禄，2005）。考虑到知识的累积效应，通常将学历指数取为几何增长或指数增长序列（钱雪亚等，2003），具体学历指数设定参考黄玉娜（2011）、刘彬彬和陆迁（2014）的做法，以九年义务教育为准，引入受教育年限的学历指数分别为 $e^{3/9}$、$e^{6/9}$、$e^{9/9}$、$e^{12/9}$、$e^{14/9}$、$e^{15/9}$、$e^{16/9}$，得出乡城流动人口的学历指数。将学历指数作为权数对乡城流动人口人力资本积累存量进行加权求得受教育年限的最终值。选择社会网络规模、人情往来支出占比、与周围人信任程度三项作为衡量乡城流动人口社会资本的主要指标。具体指标及赋值见表 4 - 1。

表 4 - 1　　　　乡城流动人口人力资本、社会资本指标体系构建

指标	变量	赋值
人力资本	受教育年限	将学历指数作为权数对主事者受教育年限求人力资本存量，$HC_j = H_{ij} \times \omega_i$，其中，$H_{ij}$ 为受教育年限，ω_i 为各级受教育年限指数
	技能证书数量	主事者所拥有的职业技能证书数量（个）
	自评健康	非常不健康 = 1，比较不健康 = 2，一般 = 3，健康 = 4，非常健康 = 5
社会资本	社会网络规模	在流入地可以得到支持帮助的朋友个数（人）
	人情往来支出占比	人情往来支出/家庭总支出
	与周围人信任程度	非常不信任 = 1，比较不信任 = 2，一般 = 3，比较信任 = 4，非常信任 = 5

4.2　人力资本与社会资本度量

4.2.1　度量方法选择

本章选择组合权重法对乡城流动人口人力资本和社会资本进行赋权，主要包括主观赋权法和客观赋权法两种类型。其中，主观赋权法根据决策者对评价指标的重视程度确定权重（Satty，1980），可以较好地反映决策者的主观意向，然而主观性太强；客观赋权法则是根据原始信息量的大小来判断相应的权重，依托完备的数理理论和方法（郭显光，1989），但是往往容易忽略真实情况。为此，本书采用主客观相结合的方法确定人力资本、社会资本权重，因为使用两种方法既能将乡城流动

人口个体异质性考虑在内，又能尊重数据的客观变化。

4.2.2　组合权重法

首先，运用德尔菲法（专家打分 + 经典文献）计算乡城流动人口人力资本和社会资本主观权重，邀请了该研究领域比较权威的专家和学者进行打分，专家和学者在打分前都对乡城流动人口个体特征指标有一定了解；其次，采用熵值法求得客观权重；最后，以主客观权重的平均值作为最终权重。

1. 基于德尔菲法的主观权重

层次分析法需要通过专家判定权重来初步确认各项指标权重值，并进行一致性检验（Saaty，1971；Satty，2003）。将运用德尔菲法得到的主观权重值记为 M_1。具体方法有三个步骤。

第一步，根据判断值设定判断矩阵，如式（4 - 1）所示：

$$A = \begin{bmatrix} a_{11} & a_{12} & \cdots & a_{1n} \\ a_{21} & a_{22} & \cdots & a_{2n} \\ \vdots & \vdots & \vdots & \vdots \\ a_{n1} & a_{n2} & \cdots & a_{nn} \end{bmatrix} \qquad (4-1)$$

第二步，对各列向量进行归一化，计算对应的特征向量 W 的最大特征根 λ_{max}；通过对 W 进行归一化，可以得到各因素的权重如式（4 - 2）、式（4 - 3）、式（4 - 4）所示：

$$W_{ij} = \frac{a_{ij}}{\sum\limits_{j=1}^{n} a_{ij}} \qquad (4-2)$$

$$W = \frac{\sqrt[n]{\prod\limits_{j=1}^{n} W_{ij}}}{\sum\limits_{i=1}^{n} \sqrt[n]{\prod\limits_{j=1}^{n} W_{ij}}} \qquad (4-3)$$

$$\lambda_{max} = \sum_{i=1}^{n} \frac{(RW)_i}{nW_i} \qquad (4-4)$$

第三步，为了确定权重分配是否合理，对判断矩阵进行一致性检验，如式（4-5）所示：

$$CR = \frac{CI}{RI} = \frac{\lambda_{max} - n}{(n-1)RI} \qquad (4-5)$$

其中，CR 是一致性比，应小于 0.1，否则，我们重新计算权重（Saaty，1980）。CI 为一致性指标，RI 为随机指标，表示随机产生的两两比较矩阵的一致性，n 为矩阵的大小（Saaty，2003）。

2. 基于熵值法的客观权重

熵值法作为一种客观赋权法，在实际应用中，需要根据各个评价指标值的差异化程度，采用熵计算出每个评价指标的熵权，之后再进行加权，得到比较客观的评价结果。将运用熵值法得到的主观权重值记为 M_2。

参考何仁伟等（2014）、朱建军等（2016）、冯晓龙（2017b）的研究，本章采用熵值法对乡城流动人口人力资本和社会资本指标赋权重的步骤如下：

假定共有 m 个评价指标，n 个乡城流动人口样本，原始数据 X_{ij}（i = 1，2，3，…，m；j = 1，2，3，…，n）。考虑到不同指标之间量纲的差异，需要先对数据进行标准化处理。在本章中，评价乡城流动人口的人力资本、社会资本指标均为正向指标，正向指标标准化公式如式（4-6）所示：

$$Y_{ij} = \frac{X_{ij} - \min X_{ij}}{\max x_{ij} - \min x_{ij}} \qquad (4-6)$$

评价指标的熵是指在 m 个评价指标和 n 个乡城流动人口样本的评估问题中，第 j 个评价指标的熵 H_j 定义如式（4-7）所示：

$$H_j = -k \sum_{j=1}^{n} f_{ij} \ln f_{ij} \,(j = 1，2，3，…，m) \qquad (4-7)$$

其中，$f_{ij} = \dfrac{y_{ij}}{\sum\limits_{i=1}^{n} y_{ij}}$（$i = 1, 2, \cdots, n$），$k = 1/\ln n$。

假说当 $f_{ij} = 0$ 时，$f_{ij}\ln f_{ij} = 0$，则 H_j 越小，说明该指标向决策者提供了越有用的信息。

评价指标的熵权，在（m，n）评价问题中，第 j 个指标的熵权定义如式（4-8）所示：

$$\omega_j = \frac{1 - H_j}{m - \sum\limits_{j=1}^{m} H_j} \qquad (4-8)$$

则组合权重为德尔菲法与熵值法指标权重的平均值。

根据上述方法，对乡城流动人口人力资本、社会资本的主观和客观权重赋值如表 4-2 所示。从各指标权重可以看出，从人力资本来看，在主观赋权法中，第一位的是受教育年限所占权重，第二位的是技能证书数量，第三位的是健康状况。在客观赋权法中，第一位的是受教育年限，第二位的是自评健康，第三位的是技能证书数量，这意味着对于技能状况而言，乡城流动人口样本群体内部差异较小，没有技能证书样本群体占据了绝大部分的比重。在组合权重中，第一位的是受教育年限，第二位的是自评健康，第三位的是技能证书数量。

表 4-2　　　　　　　乡城流动人口人力资本、社会资本指数

指标	变量	主观权重	客观权重	组合权重
人力资本	受教育年限	0.59	0.52	0.56
	技能证书数量	0.25	0.09	0.17
	自评健康	0.16	0.38	0.27
社会资本	社会网络规模	0.49	0.49	0.49
	人情往来支出占比	0.31	0.17	0.27
	与周围人信任程度	0.20	0.34	0.24

从社会资本来看，在主观赋权法中，第一位的是社会网络规模，第二位的是人情往来支出占比，第三位的是与周围人信任程度。在客观赋权法中，第一位的是社会网络规模，第二位的是与周围人信任程度，第三位的是人情往来支出占比。说明乡城流动人口群体内部之间人情往来支出占比差异较小，大部分乡城流动人口人情往来支出占比较低。在组合权重中，第一位的是社会网络规模，第二位的是人情往来支出占比，第三位的是与周围人信任程度。

在得到各个指标权重后，再通过各个指标标准化数值加权计算乡城流动人口人力资本、社会资本指数，并在此基础上得到不同类型乡城流动人口人力资本和社会资本的平均水平。

4.2.3 乡城流动人口人力资本与社会资本特征分析

1. 乡城流动人口人力资本特征分析

表4-3中，乡城流动人口人力资本指数最小值为0.07，最大值为0.78，均值为0.47，标准差为0.14，说明乡城流动人口样本群体人力资本指数整体偏低，且样本群体内部差异较大。在人力资本各维度中，受教育年限这一指标平均值为9.25，标准差为2.63，说明乡城流动人口样本群体受教育程度以初中学历为主，且群体内部有较大差异。技能证书数量这一指标均值为0.40，标准差为0.99，同样说明乡城流动人口样本群体技能水平偏低，且群体内部有较明显差异。自评健康这一指标均值为3.95，标准差为0.81，说明绝大部分乡城流动人口样本群体自评身体健康处于良好状态。综合以上分析可以看出，乡城流动人口样本群体人力资本整体水平较低，在受教育程度、技能方面均存在较大提升空间。

表4－3　　乡城流动人口人力资本指数及其各维度特征分析

指标	最小值	最大值	均值	标准差
人力资本	0.07	0.78	0.29	0.14
受教育年限	0	16	9.25	2.63
技能证书数量	0	6	0.40	0.99
自评健康	1	5	3.95	0.81

注：在进行特征分析时，为了更为清晰直观地表示，受教育年限为乡城流动人口真实的受教育年限，并未按照学历指数进行赋权。

表4－4列出了不同迁移行为下乡城流动人口人力资本特征。从迁移距离来看，人力资本指数在迁移距离方面相差不大。在人力资本各维度中，具有更高受教育程度、更多技能的乡城流动人口更倾向于跨省迁移，市内迁移的乡城流动人口自评健康程度更高。一个很可能的原因是跨省迁移往往是迁移到经济发展水平更高的城市，而受教育程度更高、职业技能水平越强的乡城流动人口更有能力适应高经济发展水平城市的工作和生活，因而更倾向于选择跨省迁移。而对于自评健康而言，跨省迁移对乡城流动人口工作和生活环境的改变较大，对其心理和生理会产生不适影响，因而自评健康程度要低于市内迁移的乡城流动人口。

表4－4　　不同迁移行为下乡城流动人口人力资本特征分析

迁移行为	类别	人力资本		受教育年限		技能证书数量		自评健康	
		均值	标准差	均值	标准差	均值	标准差	均值	标准差
迁移距离	市内迁移	0.40	0.14	9.21	2.69	0.32	0.92	3.97	0.86
	省内跨市	0.42	0.13	9.36	2.57	0.33	0.86	3.95	0.85
	省际迁移	0.51	0.14	10.52	2.87	0.46	1.02	3.92	0.79
迁移城市规模	小城镇	0.39	0.12	8.55	2.44	0.23	0.79	3.96	0.82
	中小城市	0.42	0.13	9.24	2.53	0.35	0.85	3.95	0.86
	中等城市	0.47	0.14	9.65	2.42	0.36	0.92	3.98	0.76
	大城市	0.49	0.14	11.02	2.51	0.37	0.88	4.03	0.89
	特大城市	0.53	0.15	11.23	2.71	0.52	1.17	3.93	0.75

续表

迁移行为	类别	人力资本		受教育年限		技能证书数量		自评健康	
		均值	标准差	均值	标准差	均值	标准差	均值	标准差
迁移模式	个体迁移	0.44	0.12	8.94	2.36	0.30	0.77	3.85	0.83
	部分迁移	0.47	0.12	9.52	2.45	0.28	0.81	3.87	0.86
	举家迁移	0.52	0.14	10.79	2.59	0.36	0.92	3.99	0.74

注：在进行特征分析时，为了清渐直观地表示，受教育年限为乡城流动人口真实的受教育年限，并未按照学历指数进行赋权。

从迁移城市规模来看，迁移至特大城市的乡城流动人口人力资本指数最高，大城市次之，而中小城市和小城镇最低，人力资本指数在特大城市、大城市、中等城市、中小城市和小城市之间呈递减趋势，即拥有更高人力资本水平的乡城流动人口更倾向于选择就业机会多、发展空间大、公共服务资源水平较高的城市。在人力资本各维度方面，受教育程度、技能水平与人力资本指数分布相同，均呈现从特大城市、大城市、中小城市之间递减趋势，城市规模越大，就业机会越多，工资溢价现象更为明显，个人能力能够得以充分体现。在自评健康方面，迁移至大城市的乡城流动人口自评健康程度最高，中等城市次之，迁移至特大城市的乡城流动人口自评健康程度最低。出现以上现象的原因，一方面，由于健康"自选择"效应的存在，即自评健康状况良好的乡城流动人口更愿意迁移至大城市，且大城市的医疗健康资源更加丰富，会对健康产生积极影响，因而迁移至大城市的乡城流动人口自评健康程度高于迁移至中小城市乡城流动人口自评健康程度；另一方面，特大城市乡城流动人口自评健康程度最低，很大可能是因为特大城市生活压力大，交往人群、生活方式改变会带来心理上的不适，因而自评健康程度最低。

在迁移模式方面，举家迁移的乡城流动人口无论在人力资本指数，还是人力资本各维度方面均高于部分迁移及个体迁移的乡城流动人口。人力资本水平越高的乡城流动人口更可能通过合理运用和调整在城镇生

活中各类资源状况，在城镇定居的能力越强。

整体来看，人力资本水平越高的乡城流动人口更倾向于选择跨省迁移、更倾向于向规模更大的城市迁移、更倾向于选择举家迁移。受教育程度更高、拥有职业技能的乡城流动人口同样倾向于选择跨省迁移、向规模更大城市迁移、倾向于选择举家迁移。而对于自评健康状况而言，跨省迁移的乡城流动人口自评健康程度较低，迁移至特大城市的乡城流动人口自评健康程度较低，个体迁移的乡城流动人口自评健康程度较低。

表4－5列出了不同职业身份下乡城流动人口人力资本特征。在表4－5中，在人力资本总指数方面，乡城流动人口人力资本水平整体较低，发展型受雇职业者人力资本总指数最高，其均值为0.53，发展型自雇次之，均值为0.51，生存型受雇者人力资本指数最低，均值为0.38。可以看出，在乡城流动人口中，各个职业身份之间乡城流动人口人力资本指数差异明显，发展型受雇者和发展型自雇者群体差异明显，生存型受雇者和生存型自雇者群体之间差异不大。对人力资本各个维度而言，在受教育年限方面，发展型受雇职业者平均受教育年限为11.53年；发展型自雇者居中，平均受教育年限为10.02年；生存型自雇者平均受教育年限为9.03年，生存型受雇者平均受教育年限为8.85年，可以看出，在各个职业身份下，发展型受雇职业者平均受教育年限最高，生存型受雇者平均受教育年限最低。在技能证书数量方面，各个职业身份乡城流动人口技能证书数量较低，且组内差异明显。分职业身份来看，发展型受雇者技能证书数量最多平均值为0.54，发展型自雇者次之，平均值为0.43，生存型受雇和生存型自雇者均值较少，且标准差较大。可以看出，乡城流动人口样本群体技能证书数量低且内部差异明显。在自评健康状况方面，各个职业身份乡城流动人口自评健康状况较好，发展型受雇和发展型自雇者自评健康状况明显高于生存型受雇和生存型自雇者。

表 4 – 5　　　　不同职业身份下乡城流动人口人力资本特征分析

职业类型	人力资本		受教育年限		技能证书数量		自评健康	
	均值	标准差	均值	标准差	均值	标准差	均值	标准差
生存型受雇	0.38	0.12	8.85	2.62	0.33	0.79	3.89	0.82
发展型受雇	0.53	0.17	11.53	1.29	0.54	0.71	4.08	0.70
生存型自雇	0.40	0.12	9.03	2.49	0.32	0.81	3.90	0.77
发展型自雇	0.51	0.14	10.02	2.65	0.43	0.85	4.12	0.86

以上排序或许会由于样本量、极端值的影响而产生差异，但是大致上说明了在不同职业身份下，发展型受雇群体的人力资本优势和生存型受雇群体的人力资本不足。

2. 乡城流动人口社会资本特征分析

表 4 – 6 中，乡城流动人口社会资本指数最大值为 0.73，最小值为 0.00，均值为 0.24，标准差为 0.12，说明乡城流动人口群体社会资本水平普遍偏低，且群体内部有较大差异。社会网络规模这一指标平均值为 8.57，标准差为 10.71，说明绝大多数乡城流动人口在流入地的朋友数量较少，且群体内部之间差异明显。人情往来支出占比这一指标平均值为 0.04，说明绝大多数乡城流动人口样本群体在人情往来方面支出占比较少。与周围人信任程度这一指标平均水平为 3.41，均值为 0.92，说明乡城流动人口样本群体社会信任整体水平偏低。综上可以看出，乡城流动人口样本群体整体社会网络规模偏小，社会信任水平偏低。

表 4 – 6　　　　乡城流动人口社会资本及其各维度特征分析

指标	最小值	最大值	均值	标准差
社会资本	0.00	0.73	0.24	0.12
社会网络规模	0	30	8.57	10.71
人情往来支出占比	0.83	0.00	0.04	0.11
与周围人信任程度	1	5	3.41	0.92

表 4-7 列出了不同迁移行为下乡城流动人口社会资本特征。从迁移距离来看，市内迁移的乡城流动人口社会资本指数略高。在社会资本各维度中，市内迁移的乡城流动人口在社会网络规模、与周围人信任程度方面整体水平均高于省内跨市和省际迁移的乡城流动人口。对于乡城流动人口而言，其社会资本大多是基于血缘、亲缘和地缘建立起的强关系型社会资本（钱芳和陈东有，2014；邓睿，2020），且往往辐射范围有限，随着迁移距离的增加，其社会资本越贫乏。

表 4-7　　　　不同迁移行为下乡城流动人口社会资本特征分析

迁移行为	类别	社会资本		社会网络规模		人情往来支出占比		与周围人信任程度	
		均值	标准差	均值	标准差	均值	标准差	均值	标准差
迁移距离	市内迁移	0.26	0.12	9.02	2.69	0.04	0.10	3.42	0.93
	省内跨市	0.24	0.13	8.55	2.57	0.04	0.11	3.41	0.92
	省际迁移	0.22	0.12	8.25	2.87	0.04	0.11	3.39	0.89
迁移城市规模	小城镇	0.25	0.12	8.96	2.44	0.04	0.09	3.43	0.89
	中小城市	0.27	0.13	9.12	2.53	0.04	0.10	3.42	0.86
	中等城市	0.24	0.11	8.65	2.42	0.04	0.11	3.40	0.88
	大城市	0.23	0.12	8.35	2.51	0.03	0.10	3.39	0.89
	特大城市	0.22	0.12	8.26	2.71	0.05	0.11	3.39	0.90
迁移模式	个体迁移	0.23	0.11	8.94	2.36	0.04	0.10	3.35	0.92
	部分迁移	0.24	0.12	9.52	2.45	0.04	0.11	3.36	0.90
	举家迁移	0.25	0.12	9.79	2.59	0.04	0.10	3.44	0.89

从迁移城市规模来看，迁移至中小城市的乡城流动人口社会资本指数最高，迁移至小城镇和中等城市次之，迁移至大城市和特大城市的乡城流动人口社会资本指数最高。在社会资本各维度方面，社会网络规模呈现从中小城市、小城镇、中等城市、大城市、特大城市之间递减趋势，与周围人信任程度呈现出从小城镇、中小城市、中等城市、大城市、特大城市递减趋势，乡城流动人口在迁移过程中社会资本的作用，

更多地体现在中小城市，大城市乡城流动人口社会信任程度普遍较低。在人情往来支出占比方面，迁移至特大城市的乡城流动人口人情往来支出占比最高，很可能是由于特大城市人情往来支出费用更高，迁移至小城镇、中小城市、中等城市和大城市人情往来支出占比差别不大。

在迁移模式方面，举家迁移的乡城流动人口无论在社会资本指数，还是社会资本各维度方面均高于部分迁移和个人迁移的乡城流动人口。一方面，社会资本水平的提高有利于传递和分享务工城市劳动力市场信息，在城市熟悉的朋友越多，乡城流动人口举家迁移的可能性越大；另一方面，随着家庭人口规模的扩大，进一步促进其社会资本的获得。

整体来看，市内迁移、迁移至中小城市、举家迁移的乡城流动人口社会资本指数更高。在社会资本各维度方面，市内迁移、迁移至中小城市、举家迁移的乡城流动人口社会网络规模越高。迁移至特大城市的乡城流动人口人情往来支出占比更高。短距离迁移、迁移至小城镇、举家迁移的乡城流动人口社会信任水平更高。

在表4-8列出了不同职业身份下乡城流动人口社会资本状况，在社会资本总指数方面，乡城流动人口社会资本水平整体较低，发展型自雇职业者社会资本总指数最高，其均值为0.28，发展型受雇次之，均值为0.27，生存型受雇者社会资本指数最低，均值为0.22。可以看出，在乡城流动人口样本群体中，各个职业身份之间乡城流动人口社会资本指数差异变化不大，发展型受雇者和发展型自雇者样本群体差异较低，生存型受雇者和生存型自雇者样本群体之间差异同样不明显。从事发展型受雇和发展型自雇职业的乡城流动人口往往具备良好的专业知识和职业技能，在工作中容易获得他人信任和依赖，并从网络中获取相应资源来建立和维护各种社会网络，因而其社会资本水平也相对较高。对社会资本各个维度而言，在社会网络规模方面，发展型自雇职业者社会网络规模最高，平均值为11.65，发展型受雇者次之，社会网络规模平均值为10.51；生存型自雇者社会网络规模最低，平均值为8.51，生存型受雇者社会网络规模平均值为7.83，可以看出，在各个职业身份下，发展型自雇职业者社会网络规模平均值最高，生存型受雇者社会网络规模平均值最低。在人情往来支出占比方面，发展型自雇职业者和发展型受雇职业者人情往来支出占比相同，生存型自雇职业者和生存型受雇职业者人情往来支出占比相差不大。可以看出，乡城流动人口人情往来支出占比整体较低。在与周围人信任程度方面，各个职业身份乡城流动人口社会信任水平状况较好，发展型自雇职业者和发展型受雇者职业者社会信任水平明显高于生存型受雇职业者和生存型自雇职业者。

表4-8　　　　　不同职业身份下乡城流动人口社会资本特征分析

职业类型	社会资本		社会网络规模		人情往来支出占比		与周围人信任程度	
	均值	标准差	均值	标准差	均值	标准差	均值	标准差
生存型受雇	0.22	0.12	7.83	9.65	0.03	0.09	3.33	0.94
发展型受雇	0.27	0.12	10.51	10.92	0.08	0.08	3.58	0.76
生存型自雇	0.24	0.12	8.51	10.03	0.04	0.07	3.45	0.91
发展型自雇	0.28	0.16	11.65	9.83	0.08	0.16	3.65	1.09

4.3　乡城流动人口人力资本—社会资本匹配性测度

关于匹配性测度的方法主要有匹配度模型（李静和宋振明，2008；荣慧芳和方斌，2017；周启良和范红忠，2020）、耦合协调度模型（张虎和韩爱华，2019；杨慧，2020）以及交互效应分析法（Goodhue，1995；闵庆飞等，2011；吴伟伟等，2017；董滨和庄贵军，2018），人力资本和社会资本作为乡城流动人口两种重要的资本，其共同效应在迁移行为和职业选择中同时存在，交互调节作用更能准确反映现实情境。因此，本书采用交互效应分析法对乡城流动人口人力资本—社会资本匹配性进行测度，方法如式（4-9）所示：

$$HS_i = Humancapital_i \times Socialcapital_i \quad (4-9)$$

其中，HS_i 代表第 i 个乡城流动人口人力资本—社会资本匹配性，Humancapital$_i$ 为第 i 个乡城流动人口人力资本指数，Socialcapital$_i$ 为第 i 个乡城流动人口社会资本指数。

根据人力资本—社会资本匹配性指数得出描述性统计分析数值如表 4 - 9 所示，概率密度分布函数图如图 4 - 1 所示。

表 4 - 9 　　　乡城流动人口人力资本—社会资本匹配性描述性统计分析

分位点	分位值	均值	方差	标准差	偏度	峰度
25%	0.0650					
50%	0.1044	0.1186	0.0049	0.0701	1.3436	5.8258
75%	0.1512					

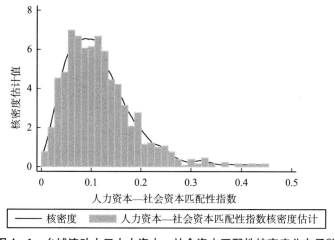

图 4 - 1　乡城流动人口人力资本—社会资本匹配性核密度分布函数

综合表 4 - 9 和图 4 - 1 可以看出，乡城流动人口样本群体中，人力资本—社会资本匹配性偏度和峰度均大于 0，均值大于中位数，人力资本—社会资本匹配性指数呈现右偏尖峰分布特征，人力资本—社会资本匹配性水平整体偏低，从分布范围来看，虽然人力资本—社会资本匹配性指数都有一定程度的集中，但是分布范围较广，且在右侧拖尾明显，说明乡城流动人口样本群体内部差异明显。

4.4 乡城流动人口人力资本与社会资本分组方法选择

人力资本—社会资本匹配性作为一种匹配指数，虽然可以说明乡城流动人口的匹配程度，但是对于人力资本与社会资本不匹配的状态，例如，当乡城流动人口人力资本水平较低而社会资本水平较高时，或者人力资本水平较高而社会资本水平较低时，人力资本与社会资本的匹配性对乡城流动人口迁移行为和职业选择的影响如何？为此，需要对人力资本和社会资本水平进行分组。

4.4.1　乡城流动人口人力资本与社会资本分组依据

对人力资本、社会资本水平进行划分的方法主要有五种（见表4-10）。第一种是平均受教育年限法。例如，胡鞍钢（2002）、周德禄（2005）、岳书敬（2008）利用平均教育年限或总体教育水平的平均值作为人力资本的度量指标，然而由于数据可获得性、技术处理困难等，研究方法具有一定限制（李海峥等，2010）。

表4-10　乡城流动人口人力资本、社会资本分组划分方法汇总

方法类别	文献来源	优缺点
平均受教育年限法	胡鞍钢（2002）周德禄（2005）岳书敬（2008）	为中国的人力资本度量和分布作出了有益贡献，然而受到了数据可获得性、参数估计可行性、技术处理困难等方面的限制
受教育程度分组	孙一平和周向张勋等（2019）王珏和祝继高（2018）（2015）	可以清晰辨别人力资本高低，单纯用受教育年限进行划分不能全面反映乡城流动人口人力资本状况

续表

方法类别	文献来源	优缺点
门槛值法	刘彬彬等（2014） 胡伦和陆迁（2019）	有效避免估计偏误问题。然而在本章中，由于因变量职业选择为无序离散变量，运用门槛回归模型求得门限值的方法会导致估计偏误
无量纲法	赖德胜等（2012）	可以对人力资本、社会资本水平高低进行快速定位，但也可能造成部分有效信息缺失的问题
分位点法	格兰诺维特（1999，2001，2002） 周晔馨（2012）	不易受数据极端值的影响，但是少量的分位会导致样本量偏小，不利于对整体进行估计
中位数法	周广肃和李力行（2016） 张勋等（2019）	不易受数据极端数值的影响，可以深入研究人力资本、社会资本的异质性影响

第二种是按照受教育水平对人力资本进行分组。孙一平和周向（2015）根据受教育程度将农村人力资本划分为三类：初等人力资本 h_1、中等人力资本 h_2 以及高等人力资本 h_3。张勋等（2019）基于农户户主的受教育年限，将数据分为低教育组（小学及以下）和高教育组（初中及以上），王珏和祝继高（2018）将本科及以上学历员工定义为高学历组，将本科及以下学历定义为低学历组。然而在本书中，人力资本是由教育、技能和健康组成的综合指标，单纯用受教育年限进行划分不能全面反映乡城流动人口人力资本状况。

第三种是基于门槛回归模型，分别将人力资本、社会资本作为门槛变量，求得人力资本、社会资本的门槛值作为对人力资本、社会资本水平高低的分组依据（刘彬彬等，2014；胡伦和陆迁，2019）。其主要思想在于当解释变量和被解释变量之间存在非线性关系时，通过门槛回归方法以确定不同的分界点，进而利用门槛变量的观察值估计出适合的门限值。这种方法的优点在于门槛值及其个数完全由样本数据内生决定，有效避免估计偏误问题（Hansen，2000）。然而在本章中，由于因变量职业选择为无序离散变量，运用门槛回归模型求得门限值的方法会导致估计偏误。

第四种是求得人力资本、社会资本指数后进行无量纲化处理，得到取值介于 0 和 1 之间，取中间值 0.5 作为人力资本、社会资本水平高低的分界值（赖德胜等，2012）。这种方法的优点是可以对人力资本、社会资本水平高低进行快速定位，但也可能会造成部分有效信息缺失的问题。

第五种是分位点法。格兰诺维特（Grootaert，1999）、格兰诺维特（Grootaert，2002）在 5 个分位点，格兰诺维特（Grootaert，2001）在 0.1 和 0.9 两个分位点进行分析，但是少量的分位会导致样本量偏小，不利于对整体进行估计。周晔馨（2012）用收入的主要分位点划分分位区间，然后计算各分位区间社会资本均值，由于本章中因变量为无序离散变量，故该种方法同样不合适。

此外，也有不少学者运用中位数法进行分组。周广肃和李力行（2016）、张勋等（2019）采用家庭是否具有私人转移支付收入作为衡量社会资本的代理指标，按照中位数将数据分为两组。杜在超等（2014）根据收入分位数，将收入位于收入分布中位数以上定义为高收入家庭，中位数以下定义为低收入家庭。这种方法的优点在于不易受数据中极端数值的影响，可以深入研究人力资本、社会资本的异质性影响。本章借鉴此种分类方法，具体而言，通过组合赋权法构建人力资本、社会资本综合指数，按照中位点划分为分别高人力资本、低人力资本，高社会资本、低社会资本四种类型。

4.4.2 乡城流动人口人力资本与社会资本分组方法适用性说明

本书选择中位数法对乡城流动人口人力资本、社会资本进行分组。中位数及以上为高人力资本组、高社会资本组，中位数以下为低人力资本组、低社会资本组。对应的累积分布函数曲线，如图 4-2、图 4-3 所示，低人力资本、低社会资本段累积分布函数上升缓慢，说明了在乡城流动人口样本群体中，中低人力资本、社会资本仍占主体地位。从分布范围来看，虽然人力资本、社会资本都有一定程度的集中，但是分布范围较广，且在右侧拖尾明显，说明乡城流动人口样本群体中人力资本、社会资本差异较为明显。因此，以中位数对乡城流动人口人力资本、社会资本高低水平进行分组划分，更适合区分不同层次的人群，更加全面地刻画分布特征，从而得到全面地分析。

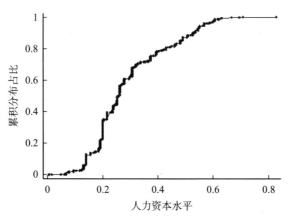

图4-2　乡城流动人口人力资本累积分布函数曲线

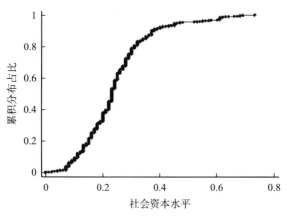

图4-3　乡城流动人口社会资本累积分布函数曲线

根据表4-11中乡城流动人口人力资本、社会资本统计分布也可以看出，人力资本、社会资本偏度均大于 0，均值大于中位数，证实了人力资本、社会资本的右偏态分布特征，说明乡城流动人口样本群体人力资本、社会资本整体水平偏低，根据峰度可以看出，样本群体内部差异明显。再次说明了本章适宜采用中位数对样本进行群组划分，以避免极端数值引起的估计偏误。

表 4 – 11　　　　乡城流动人口人力资本与社会资本统计特征分析

指标	分位点	分位值	均值	方差	标准差	偏度	峰度
人力资本	25%	0.3601	0.4731	0.0203	0.1425	0.1871	2.5988
	50%	0.4315					
	75%	0.5401					
社会资本	25%	0.1628	0.2444	0.0146	0.1210	1.2191	5.3467
	50%	0.2300					
	75%	0.2949					

4.5　乡城流动人口人力资本—社会资本组合特征分析

在按照中位数对乡城流动人口人力资本、社会资本进行分组后，得到四组人力资本—社会资本组合，如表 4 – 12 所示。其中，高人力资本—高社会资本组所占比重最高，为 28.32%，高人力资本—低社会资本组所占比重最低，为 22.64%，可以看出，四种组合占比相差不大。

表 4 – 12　　　　人力资本—社会资本组合分组结果

组别	数量（人）	占比（%）
低人力资本—低社会资本	721	24.62
低人力资本—高社会资本	715	24.42

组别	数量（人）	占比（%）
高人力资本—低社会资本	663	22.64
高人力资本—高社会资本	829	28.32
合计	2 928	100

4.5.1 不同迁移行为下乡城流动人口人力资本—社会资本组合类型分析

表4-13列出了不同迁移行为下乡城流动人口人力资本—社会资本匹配结果，从迁移距离来看，对于市内迁移而言，低—低型人力资本—社会资本样本群体短距离迁移所占比重最大，为27.58%；低—高型人力资本—社会资本样本群体次之，占比为24.68%；高—低型人力资本—社会资本样本群体所占比重最小，为10.65%。对于省内跨市迁移而言，低—高型人力资本—社会资本样本群体所占比重最大，为30.51%。市内迁移和省内跨市迁移往往是在市内或者省内之间低行政级别城市流动（邹一南，2019），对人力资本的要求较低，迁移距离越近，意味着对社会资本的要求越高。因而低人力资本的乡城流动人口更倾向于短距离迁移。对于省际迁移而言，高—高型人力资本—社会资本样本群体所占比重最大，高—低型人力资本—社会资本样本群体次之，低—高型人力资本—社会资本样本群体所占比重最小。省际迁移往往意味着迁往经济发展水平更高的城市，拥有高人力资本—高社会资本的乡城流动人口更有能力省际迁移。由于迁移距离越远，意味着所能获得的社会资本越少，但是所需要的人力资本更多，因而拥有低人力资本—高社会资本的乡城流动人口省际迁移的占比较小。

表 4 – 13　　不同迁移行为下乡城流动人口人力资本—社会资本

组合特征分析

迁移行为	类别	低—低型		低—高型		高—低型		高—高型	
		观测值（人）	占比（%）	观测值（人）	占比（%）	观测值（人）	占比（%）	观测值（人）	占比（%）
迁移距离	市内迁移	171	27.58	153	24.68	66	10.65	122	19.68
	省内跨市	182	23.86	233	30.51	158	20.68	190	24.95
	省际迁移	368	24.27	329	21.68	439	28.93	517	34.12
	小城镇	64	37.91	56	33.33	19	11.49	29	17.24
	合计	721	100	715	100	663	100	829	100
迁移城市规模	中小城市	103	35.18	75	25.18	50	17.03	66	22.59
	中等城市	172	22.02	207	26.35	162	20.77	241	30.85
	大城市	203	21.91	208	22.42	236	25.44	281	30.23
	特大城市	179	23.67	169	22.31	196	25.99	212	28.02
	合计	721	100	715	100	663	100	829	100
迁移模式	个体迁移	272	34.47	225	28.52	110	13.94	182	23.07
	部分迁移	199	20.05	234	23.59	281	28.32	279	28.04
	举家迁移	250	19.85	256	21.31	272	26.80	368	32.04
	合计	721	100	715	100	663	100	829	100

注：为节约篇幅，此处"低—低型"代表低人力资本—低社会资本组合，"低—高型"代表低人力资本—高社会资本组合，"高—低型"代表高人力资本—低社会资本组合，"高—高型"代表高人力资本—高社会资本组合。

从迁移城市规模来看，对于迁移至小城镇和中小城市而言，低—低型人力资本—社会资本样本群体占比最大，低—高型人力资本—社会资本样本群体居中，高—低型人力资本—社会资本样本群体占比最小。与迁移至大城市、特大城市相比，小城镇和中小城市的迁移大多是省内跨市，乡城流动人口对省内城市的认同感和归属感更高，既可以享受更加丰富的资源，也不会切断其与家乡的联系，且迁移成本较低，因而拥有低人力资本—低社会资本、低人力资本—高社会资本的乡城流动人口迁移至小城镇和中小城市的比例较大。从理性人角度出发，拥有高人力资本—低社会资本和高人力资本—高社会资本的乡城流动人口会通过对自身资源的合理配置，选择迁移至更高级别的城市，而并非在中小城市。对于迁移至大城市和特大城市而言，高—高型人力资本—社会资本样本群体占比最大，低—低型人力资本—社会资本样本群体占比最小，大城市和特大城市具有丰富的经济和公共服务资源，无论是就业机会还是发展空间，都具有无法比拟的优势，会对乡城流动人口产生更为强大的吸引力。因而拥有更高资本禀赋的高人力资本—高社会资本的乡城流动人口迁移至特大城市的比重最高，但是由于特大城市的门槛限制，拥有低人力资本—低社会资本的乡城流动人口由于个人禀赋较低，生存压力大，因而迁移至特大城市的比重较小。整体来看，乡城流动人口迁移至大城市所占比重最高，中等城市和特大城市次之，迁移至中小城市和小城镇所占比重最低。这也印证了乡城流动人口具有明显的大城市偏好（夏怡然，2010；孙中伟，2015）。

从迁移模式来看，高—高型人力资本—社会资本样本群体举家迁移占比最大，低—低型人力资本—社会资本样本群体占比最小。相比部分迁移而言，人力资本和社会资本禀赋越高，举家迁移的可能性越大。拥有"高人力资本—高社会资本"的乡城流动人口更可能通过合理运用和调整各类资本组合状况，实现举家迁移。

整体来看，对市内迁移和省内跨市迁移而言，低—低型人力资本—社会资本样本群体和低—高型人力资本—社会资本样本群体所占比重最大，对省际迁移而言，高—高型人力资本—社会资本样本群体所占比重最大；对迁移城市规模而言，高—高型人力资本—社会资本样本群体迁移至大城市和特大城市所占比重最大，低—低型人力资本—社会资本样本群体迁移至小城镇和中小城市所占比重最大；对迁移模式而言，举家迁移的乡城流动人口中，高—高型人力资本—社会资本样本群体的比例最大，低—低型人力资本—社会资本样本群体所占比例最小。

4.5.2　不同职业身份下乡城流动人口人力资本—社会资本组合类型分析

表 4-14 列出了不同职业身份下乡城流动人口人力资本—社会资本组合结果，对于生存型受雇样本群体而言，在生存型受雇样本群体中，低—低型人力资本—社会资本样本群体占比最高，为 42.86%，拥有低人力资本—低社会资本的乡城流动人口由于受教育程度低、职业技能少、人脉资源少，只能进入城镇次级劳动力市场从事技术含量低、收入不稳定的非正规就业。低—高型人力资本—社会资本样本群体次之，占比为 25.30%。另外，有 20.54% 的高—低型人力资本—社会资本样本群体和 11.30% 的高—高型人力资本—社会资本样本群体选择生存型受雇，这部分群体并没有实现个人能力与职业的匹配，存在低职高配现象。

表 4-14　　不同职业身份下乡城流动人口人力资本—社会资本
组合特征分析

职业类型	低—低型		低—高型		高—低型		高—高型	
	观测值（人）	占比（%）	观测值（人）	占比（%）	观测值（人）	占比（%）	观测值（人）	占比（%）
生存型受雇	459	42.86	271	25.30	220	20.54	121	11.30
发展型受雇	291	8.55	172	16.15	339	29.01	493	46.29
生存型自雇	171	25.43	252	37.50	110	16.37	139	20.68
发展型自雇	0	0	20	16.67	24	20	76	63.33

注：为节约篇幅，此处"低—低型"代表低人力资本—低社会资本组合，"低—高型"代表低人力资本—高社会资本组合，"高—低型"代表高人力资本—低社会资本组合，"高—高型"代表高人力资本—高社会资本组合。

对于发展受雇样本群体而言，高—高型人力资本—社会资本样本群体占比最高，为46.29%，高—低型人力资本—社会资本样本群体次之，占比29.01%。可以看出，在发展型受雇岗位中，对人力资本的要求较高，拥有高人力资本的发展型受雇样本群体占整个发展型受雇样本群体的75.30%。低—低型人力资本—社会资本样本群体占比为8.55%，低—高型人力资本—社会资本样本群体占比为16.15%。可见，在发展受雇样本群体中，存在高职低配现象，但是占比较少。

对于生存型自雇样本群体而言，低—高型人力资本—社会资本样本群体所占比重最高，为37.50%，低—低型人力资本—社会资本样本群体次之，占比25.43%。有16.37%的高—低型人力资本—社会资本样本群体和20.68%的高—高型人力资本—社会资本样本群体从事生存型自雇职业，该部分群体仍存在低职高配的现象。

在发展型自雇群体中，高—高型人力资本—社会资本样本群体占比为63.33%，高—低型人力资本—社会资本样本群体次之，占比为20%，与生存型自雇样本群体相比，发展型自雇样本群体不仅需要更高的社会资本，也需要更高水平的人力资本。说明了发展型自雇职业进入的高门槛特征。

整体来看，对于生存型受雇，低—低型人力资本—社会资本样本群体所占比重最大；对于发展型受雇，发展型受雇职业往往需要较多的专业知识和职业技能以及较高的社会资本来建立和维护各种社会网络，因而高—高型人力资本—社会资本样本群体所占比重最大；对于生存型自雇，低—高型人力资本—社会资本样本群体所占比重最大，拥有较高社会资本水平的乡城流动人口更倾向于选择工作时间灵活自由、需要社会网络支持的生存型自雇职业；对于发展型自雇，不仅需要更高的社会资本，也需要更高的人力资本，高—高型人力资本—社会资本样本群体所占比重最大。

4.6 本章小结

本章进一步界定了乡城流动人口人力资本与社会资本的内涵和外延，在此基础上构建了适合乡城流动人口的人力资本与社会资本指标体系，并运用层次分析法和熵权法的相结合的方式，测度人力资本及其各个维度数值和社会资本及其各个维度数值，在此基础上从迁移行为及职业身份两个方面，对乡城流动人口人力资本及其各个维度、社会资本及其各个维度数值进行了描述性统计。采用交互效应分析法对乡城流动人口人力资本—社会资本匹配性进行测度，运用中位数法，对人力资本、社会资本高低水平进行划分，分为低人力资本—低社会资本、低人力资本—高社会资本、高人力资本—低社会资本、高人力资本—高社会资本四种类型，并对不同迁移行为、不同职业身份下人力资本—社会资本匹配特征进行分析，主要结论有以下六点。

（1）选择人力资本与社会资本观测指标，系统科学地构建了适合乡城流动人口的人力资本、社会资本指标体系，进一步运用组合赋权法，测度乡城流动人口人力资本及其各个维度数值和社会资本及其各维度数值。

（2）根据分析测算得出乡城流动人口人力资本特征，乡城流动人口样本群体人力资本整体水平较低，在受教育程度、技能方面均存在较大提升空间。整体来看，人力资本水平越高的乡城流动人口更倾向于选择长距离迁移、更倾向于向规模更大的城市迁移、更倾向于选择举家迁移。

（3）根据分析测算得出乡城流动人口社会资本特征，乡城流动人口样本群体整体社会网络规模偏小，社会信任水平偏低。整体来看，短距离迁移、迁移至中小城市、举家迁移的乡城流动人口社会资本指数更高。

（4）运用交互效应方法测算得出乡城流动人口人力资本—社会资本匹配性指数，根据分析可得人力资本—社会资本匹配性指数呈现右偏尖峰分布特征，人力资本—社会资本匹配性水平整体偏低，从分布范围来看，虽然人力资本—社会资本匹配性指数都有一定程度的集中，但是分布范围较广，且在右侧拖尾明显，说明乡城流动人口样本群体内部差异明显。

（5）对市内迁移和省内跨市迁移而言，低—低型人力资本—社会资本样本群体和低—高型人力资本—社会资本样本群体所占比重最大，对省际迁移而言，高—高型人力资本—社会资本样本群体所占比重最大；对迁移城市规模而言，高—高型人力资本—社会资本样本群体迁移至大城市和特大城市所占比重最大，低—低型人力资本—社会资本样本群体迁移至小城镇和中小城市所占比重最大；对迁移模式而言，举家迁移的乡城流动人口中，高—高型人力资本—社会资本样本群体的比例最大，低—低型人力资本—社会资本样本群体所占比例最小。

（6）对于生存型受雇，低—低型人力资本—社会资本样本群体所占比重最大；对于发展型受雇，发展型受雇职业往往需要较多的专业知识和职业技能以及较高的社会资本来建立和维护各种社会网络，因而高—高型人力资本—社会资本样本群体所占比重最大；对于生存型自雇，低—高型人力资本—社会资本样本群体所占比重最大，拥有较高社会资本水平的乡城流动人口更倾向于选择工作时间灵活自由、需要社会网络支持的生存型自雇职业；对于发展型自雇，不仅需要更高的社会资本，也需要更高的人力资本，高—高型人力资本—社会资本样本群体所占比重最大。

第5章

人力资本—社会资本匹配性对乡城流动人口迁移行为的影响

5.1 引言

在我国新型城镇化和乡村振兴背景下，户籍制度、公共服务、社会保障、土地制度都会对乡城流动人口迁移决策产生影响，然而，影响乡城流动人口迁移决策的最主要因素在于内生因素，迁移主体所依赖的能力水平和禀赋条件是影响其迁移行为的最主要原因（蔡昉和都阳，2011）。研究表明，不同个人能力和社会资本异质性对迁移行为的选择存在较大差异性，对乡城流动人口迁移决策具有重要影响（刘同山，2014；高健等，2016；杨巧等，2019）。人力资本、社会资本与乡城流动人口迁移行为方面的研究已经引起众多学者的关注，但是并没有从人力资本和社会资本综合视角对乡城流动人口迁移行为进行整体、系统的分析，更缺乏从人力资本—社会资本匹配性视角，探究人力资本和社会资本的匹配关系对乡城流动人口迁移行为的影响机制研究。鉴于此，本章从人力资本和社会资本匹配视角出发，分析人力资本—社会资本匹配性对乡城流动人口迁移行为的影响机制，不仅可以为我国乡城流动人口迁移行为研究提供理论借鉴，而且可以为实现乡城流动人口迁移与城镇化良性互动提供政策参考。

5.2　理论分析与研究假说

理性小农理论认为，农户作为理性人，追求的是利益最大化（Schultz，1964），并根据自身资源禀赋状况来合理配置资源（Popkin，1980）。因此，乡城流动人口个体行为受禀赋因素的制约，并会根据禀赋状况决定其家庭生活行动计划。人力资本和社会资本作为自身禀赋状况的重要体现，在其组织与再建过程中，人力资本决定乡城流动人口的就业信息能力、决策能力、非农就业适应能力、城市生存和生活能力（陈昭玖和胡雯，2016）；社会资本能够促进信息流通、减少交易费用、提供非正式风险化解手段和社会支持（马九杰和孟凡友，2003），从而可以在决策和行动层面对乡城流动人口迁移行为产生重要影响。因而，不同人力资本和社会资本的组合状况对乡城流动人口迁移行为的影响也不尽相同。具体表现在：人力资本和社会资本匹配程度较高的乡城流动人口在进行迁移决策过程中，能够更好地发挥社会资本对人力资本的促进作用，表现出更高的主动性与适应性，更好地应对城镇化进程中由于流动不稳定所引发的失业风险、生存风险和发展风险，选择更有利于家庭未来发展的机会。基于此，本章提出假说5.1。

假说5.1：人力资本—社会资本匹配性会对乡城流动人口迁移行为产生显著正向影响。人力资本—社会资本匹配性越高，乡城流动人口越倾向于做出更有利于自身的迁移行为。

在迁移行为中，人力资本往往发挥着更为关键的作用，对乡城流动人口迁移行为起着决定性作用（李飞和钟涨宝，2017；陈良敏和丁士军，2019），社会资本作为对人力资本的重要补充，可以为乡城流动人口迁移过程中提供信息及资源，在人力资本水平较低阶段，其社会资本往往以同质性资源和重复性信息为主，即使社会网络规模较高，对乡城流动人口迁移决策影响较小；在人力资本水平较高阶段，较高的受教育程度、技能水平和健康状况等个体属性影响人力资本积累，此时，即使社会网络规模较小，人力资本仍发挥重要作用。基于此，本章提出假说 5.2。

假说 5.2：与低—高型人力资本—社会资本相比，高—低型人力资本—社会资本对乡城流动人口迁移行为具有显著正向影响。

5.3　变量选择与模型设定

5.3.1　变量选择与描述性统计结果分析

被解释变量：本章将迁移行为作为被解释变量，主要包括迁移距离、迁移城市规模和迁移模式三个部分。在迁移距离方面，本章参照祝仲坤等（2019）的研究，将迁移距离分为市内迁移、省内跨市和省际迁移三种类型。城市规模参照中国 2014 年颁布的《新型城镇化规划》中城镇分类标准，将城镇分为 50 万人以下小城镇、50 万 ~ 100 万人中小城市、100 万 ~ 300 万人中等城市、300 万 ~ 500 万人大城市、500 万人以上特大城市。在 CLDS 问卷中，特大城市分别是北京、上海、天津、重庆、广州、深圳、佛山、东莞、南京、杭州、武汉、西安、成都和沈阳，共 14 个城市。大城市和中等城市主要集中在东部沿海以及中西部地区的省会城市。在迁移模式方面，参照盛亦男（2016）、吴帆（2016）的研究，将迁移模式分为三种类型，分别是个人迁移、部分迁移及举家迁移。

核心解释变量：在进行人力资本—社会资本匹配性对乡城流动人口迁移行为的影响分析时，本章将人力资本—社会资本匹配性作为核心解释变量，具体测算已经在第 4 章进行了说明，在此不再赘述。对于人力资本与社会资本不匹配的状态，对人力资本和社会资本水平进行分组，依次将低—低型人力资本—社会资本和低—高型人力资本—社会资本、高—低型人力资本—社会资本、高—高型人力资本—社会资本归为同一组内，将低—低型人力资本—社会资本作为对照组，赋值为 0，并依次将低—高型人力资本—社会资本、高—低型人力资本—社会资本、高—高型人力资本—社会资本赋值为 1。

控制变量：为了尽可能控制其他因素的影响，本章同时选取了一系列影响乡城流动人口迁移行为的控制变量，包括个人特征变量、家庭特征变量、地区特征变量三部分。

在个体特征变量方面，有较多的文献考察了个体特征对乡城流动人口迁移的影响（张翼，2011；马瑞等，2011；田明，2013；刘同山等，2014；魏万青，2015；梅建明，2016），发现虽然作用方向不尽相同，但是年龄、性别、养老保险、流动时间、个体收入等都会显著影响乡城流动人口迁移决策。综合已有文献，在迁移距离方面，本章选用的个体特征有年龄、性别、个体收入；迁移城市规模方面，本章选用的个体特征有年龄、性别、养老保险、个体收入；在迁移模式方面，本章选择的个体特征有年龄、性别、养老保险、个体收入、流动时间等。

在家庭特征方面，已有研究发现，家庭人口结构会显著影响乡城流动人口迁移决策（郝雨霏，2015），幼儿人口负担系数、老年人口负担系数会对乡城流动人口迁移决策产生影响（宋月萍，2019）。在家庭规模方面，家庭人口规模越大，在流入地的各种社会经济成本越高，越不利于迁移（韩叙和夏显力，2019）。家乡宅基地面积、是否拥有土地同样会对乡城流动人口迁移决策产生影响，由于乡城流动人口在城镇就业的不稳定以及土地"禀赋效应"的存在，大多数乡城流动人口都将宅基地、土地视为进城务工中回流的最后退路（纪月清，2010），很难无偿或低价放弃宅基地向城市搬迁。家庭成员之间关系融洽程度是影响乡城流动人口迁移模式的重要因素之一（盛亦男，2014b），家庭成员之间关系越融洽，越倾向于举家迁移。因此，在迁移距离、迁移城市规模方面，本章选取幼儿人口负担系数、老年人口负担系数、家庭人口规模、家乡宅基地面积、是否拥有土地等作为家庭特征变量。在迁移模式方面，除上述变量外，还选取家庭成员关系融洽程度作为影响乡城流动人口迁移模式的家庭特征变量。

在地区特征方面，流入地平均房价水平、流入地平均工资水平同样会对乡城流动人口迁移城市规模、迁移模式产生影响（董昕，2015；孟凡礼，2015；韩其恒，2018）。对于乡城流动人口而言，其较低的收入水平往往难以支付高昂的房价，流入地平均房价水平越高，越不利于迁移；流入地城镇私营单位就业人员平均工资水平在一定程度上反映了该地区私营企业从业人员收入平均水平，流入地平均工资水平越高，越有利于举家迁移。因此，本章选取流入地平均工资水平、流入地平均房价水平作为地区特征变量。

所有变量描述性统计结果如表 5 – 1 所示。

表 5 – 1　　　　　　　　变量描述性统计结果分析

变量类型	变量名称	变量含义及赋值	均值	标准差
被解释变量	迁移距离	市内迁移 =1 省内跨市 =2 省际迁移 =3	1.97	0.85
	迁移城市规模	小城镇 =1 中小城市 =2 中等城市 =3 大城市 =4 特大城市 =5	3.23	1.24
	迁移模式	个人迁移 =1 部分迁移 =2 举家迁移 =3	1.92	0.83

续表

变量类型	变量名称	变量含义及赋值	均值	标准差
核心解释变量	人力资本—社会资本匹配性	人力资本—社会资本匹配性指数	0.12	0.07
	人力资本—社会资本组合类型	低—高型 = 1，低—低型 = 0	0.52	0.49
		高—低型 = 1，低—低型 = 0	0.47	0.50
		高—高型 = 1，低—低型 = 0	0.54	0.50
个人特征变量	性别	男 = 1，女 = 0	0.80	0.40
	年龄（周岁）	受访者访问当年实际年龄	38.42	9.99
	养老保险	是否具有养老保险，是 = 1，否 = 0	0.34	0.48
	个体收入（万元/年）	主事者在城镇工资性、经营型所得收入，进行取对数处理	5.21	2.14
	流动时间（年）	主事者在外流动时间	10.34	7.99
家庭特征变量	幼儿人口负担系数	核心家庭中需要照料的 14 岁以下儿童数量/核心家庭中劳动力数量	0.27	0.37
	老年人口负担系数	核心家庭中需要赡养的 65 岁以上老人数量/核心家庭中劳动力数量	0.06	0.19
	家庭人口规模（人）	核心家庭成员数量	3.26	1.25
	宅基地面积（亩）	主事者户籍所在地宅基地面积	0.31	0.22
	是否拥有土地承包权	主事者在户籍所在地是否拥有土地 是 = 1，否 = 0	0.11	0.31
地区特征变量	家庭成员关系融洽程度	核心家庭成员之间关系融洽程度，按照 1~10 等级进行排序	6.92	1.74
	平均工资水平（万元/月）	流入地平均工资水平	0.43	1.26
	平均房价水平（万元/平方米）	流入地平均房价水平	1.02	1.95

注：①为消除异方差，对个体收入、宅基地面积、流入地平均工资水平、流入地平均房价水平进行取对数处理；②为了节约篇幅，此外"低—低型"代表低人力资本—低社会资本组合，"低—高型"代表低人力资本—高社会资本组合，"高—低型"代表高人力资本—低社会资本组合，"高—高型"代表高人力资本—高社会资本组合。

5.3.2　模型设定

1. 线性回归模型

对于迁移距离而言，乡城流动人口迁移决策可以分为三种类型：市内迁移、省内跨市、省际迁移；对于迁移城市规模而言，乡城流动人口迁移决策可以归纳为五种类型：小城镇、中小城市、中等城市、大城市、特大城市；对于迁移模式而言，乡城流动人口迁移模式可以分为个人迁移、部分成员迁移和举家迁移三种类型。在等距分类变量中，为便于解释，将所有因变量均作为连续变量处理，进行多元线性回归，以求得边际效应。多元回归模型方程如式（5-1）所示：

$$Y_i = \alpha_i + \beta_1 x_1 + \cdots + \beta_i x_i + \varepsilon_i \qquad (5-1)$$

其中，Y_i 代表乡城流动人口迁移行为，包括迁移距离、迁移城市规模和迁移模式。α_i 为常数项，β_i 为回归系数，ε_i 为随机误差项。

2. 倾向得分匹配

对人力资本—社会资本匹配性对迁移行为的影响进行分析，可以清晰反映出人力资本和社会资本的匹配程度对乡城流动人口迁移行为的影响。然而，对于人力资本和社会资本不匹配的状况，如低人力资本和高社会资本，以及高人力资本和低社会资本这两种组合，仅仅使用匹配性指数无法反映出乡城流动人口人力资本和社会资本的变化状况，因此应当对人力资本和社会资本进行进一步划分，按照低人力资本—低社会资本、低人力资本—高社会资本、高人力资本—低社会资本以及高人力资本—高社会资本四种类型，分析人力资本和社会资本的组合状况对乡城流动人口迁移行为的影响。

如果直接对方程进行回归分析可能会导致计量结果存在估计偏误，为解决样本选择偏误问题，本章拟采用倾向得分匹配方法进行稳健性检验。模型表达如式（5-2）、式（5-3）、式（5-4）所示：

$$Y_i = \alpha_1 + \delta_1 D_i + \beta_1 X_i + \varepsilon_{1_i} \qquad (5-2)$$

$$Y_j = \alpha_2 + \delta_2 D_j + \beta_2 X_j + \varepsilon_{2_i} \qquad (5-3)$$

$$Y_k = \alpha_3 + \delta_3 D_k + \beta_3 X_k + \varepsilon_{3_i} \qquad (5-4)$$

其中，Y_i、Y_j、Y_k 分别表示乡城流动人口迁移距离、迁移城市规模、迁移模式；D_i、D_j、D_k 分别表示在不同迁移行为下乡城流动人口人力资本和社会资本的组合类型；δ_1、δ_2、δ_3 分别表示人力资本和社会资本的组合类型对乡城流动人口迁移距离、迁移城市规模、迁移模式的影响程度；X_i、X_j、X_k 为其他解释变量；β_1、β_2、β_3 为解释变量的系数；α_1、α_2、α_3 为常数项；ε_{1_i}、ε_{2_i}、ε_{3_i} 为随机干扰项。考虑到乡城流动人口人力资本—社会资本不同组合类型可能会受到某些不可观测因素的影响，而这些不可观测因素或许与迁移行为相关，从而致使 D_i、D_j、D_k 分别与 ε_{1_i}、ε_{2_i}、ε_{3_i} 相关，倾向得分匹配能够有效克服有偏估计与样本"自选择"导致的"选择偏差"（Wooldridge，2002）。本章将处理组与对照组进行匹配，在控制相同外部条件下，探讨不同人力资本—社会资本组合类型对乡城流动人口迁移行为的影响。具体步骤为以下三步。

第一步，采用 logit 模型估计乡城流动人口符合某种人力资本—社会资本组合类型的条件概率的拟合值，其表达式如式（5-5）所示：

$$P(Z_i) = P(D_1 = 1 | Z_i) = \frac{\Lambda(Z_i'\beta)}{1 + \exp(Z_i'\beta)} \qquad (5-5)$$

其中，$P(D_1 = 1 | Z_i)$ 为乡城流动人口符合某种人力资本—社会资本组合类型的概率，Z_i 为匹配变量。

为增强研究结论的可信性，本章运用卡尺匹配、卡尺内近邻匹配以及核匹配三种方法进行匹配。

第二步，完成匹配后，需要进行平衡性检验。

第三步，计算平均处理效应。本章主要分析的是处理组迁移行为的平均处理效应，其表达如式（5-6）所示：

$$ATT = E(Y_1 | D = 1) - E(Y_0 | D = 1) = E(Y_1 - Y_0 | D = 1) \qquad (5-6)$$

其中，Y_1 为符合某种人力资本—社会资本匹配关系时乡城流动人口迁移行为选择，Y_0 为不符合某种人力资本—社会资本组合类型时乡城流动人口迁移行为选择。

5.4　实证分析

5.4.1　多元线性回归实证结果分析

1. 人力资本—社会资本匹配性对乡城流动人口迁移行为的影响

本章使用 Stata14.0 软件，运用多元线性回归模型，考察人力资本—社会资本匹配性对迁移行为的影响。模型估计结果整体上通过显著性检验，模型拟合效果良好，对人力资本—社会资本匹配性指数进行去中心化处理，得到模型估计结果如表 5 - 2 所示。

表 5 - 2　　　　　　　人力资本—社会资本匹配性对乡城流动人口
迁移行为的估计结果

指标	迁移距离		迁移城市规模		迁移模式	
	系数	标准误	系数	标准误	系数	标准误
人力资本—社会资本匹配性	0.0768	0.8050	2.5312 **	1.0134	2.3927 ***	0.7283
人力资本	0.6251 **	0.2243	0.7671 **	0.3373	1.3047 ***	0.2785
社会资本	0.2381	0.2581	0.3327	0.3879	0.4900 **	0.2420
性别	0.1707 ***	0.0336	0.0236	0.0501	0.0387	0.0358
年龄	- 0.0068	0.0104	- 0.0031	0.0022	0.0036 **	0.0016
个体收入	0.0454 **	0.0182	0.0435 **	0.0172	0.0451 **	0.0196
养老保险			0.0742 *	0.0435	0.0089	0.0313

续表

指标	迁移距离		迁移城市规模		迁移模式	
	系数	标准误	系数	标准误	系数	标准误
流动时间					0.0016	0.0019
幼儿人口负担系数	-0.0116	0.0381	-0.0302	0.0573	0.0942 **	0.0411
老年人口负担系数	0.0371	0.0706	0.1722	0.1062	0.0801	0.0761
家庭人口规模	-0.0066	0.0118	-0.0206	-0.0178	-0.1351 ***	0.0128
宅基地面积	-0.0760 ***	0.0059	-0.0500 ***	0.0089	-0.0282 ***	0.0065
是否拥有土地承包权	-0.2554 ***	0.0426	-0.2289 ***	0.0641	-0.0405	-0.0463
家庭成员关系融洽程度					0.0216 **	0.0082
流入地平均工资水平			1.7392 ***	0.1249	0.1238	0.0895
流入地平均房价水平			0.3315 ***	0.0425	-0.0083	0.0305
常数项	1.9671 ***	0.2175	1.4641 ***	0.5571	1.6711 **	0.6136
F 值	35.57		122.76		72.72	
R^2	0.1245		0.3016		0.2129	
样本量			2928			

注: * 、 ** 、 *** 分别表示在 10% 、5% 、1% 的水平上显著。

　　表 5 - 2 估计结果显示，人力资本—社会资本匹配性对乡城流动人口迁移行为具有正向影响，对迁移城市规模和迁移模式具有显著正向影响，且分别在 5% 的水平上显著。人力资本和社会资本匹配程度越高，乡城流动人口迁移至更高规模城市的可能性越高，举家迁移的可能性越高。验证了假说 5.1：人力资本—社会资本匹配性会对乡城流动人口迁移行为产生显著正向影响。人力资本—社会资本匹配性越高，乡城流动人口越倾向于做出更有利于自身的迁移行为。

　　在人力资本方面，人力资本对迁移距离、迁移城市规模、迁移模式均具有显著正向影响，且分别在 5% 、5% 、1% 的水平上显著。从回归系数结果可以看出，人力资本对迁移模式的影响系数最大，对迁移距离的影响系数最小。在社会资本方面，社会资本对迁移模式具有显著正向影响，且在5%的水平上显著。社会资本水平越高，乡城流动人口越倾向于举家迁移。对交互项的分析结果可以看出，加入社会资本变量后，人力资本对迁移距离的影响系数减小，对迁移城市规模和迁移模式的影响系数提高，说明了社会资本的调节效应，社会资本水平的提高正向促进了人力资本对迁移城市规模和迁移模式的影响。

对于控制变量而言，在个体特征变量方面，性别对迁移行为具有正向影响，对迁移距离具有显著正向影响，相较于女性而言，男性更倾向于长距离迁移。年龄对迁移距离和迁移城市规模具有负向影响，对迁移模式具有显著正向影响，年龄越大，乡城流动人口对家的依赖性越强，出于团聚的考虑及子女教育的需要，年龄相对较大的乡城流动人口举家迁移的可能性越高。个体收入对迁移行为具有显著正向影响，均在5%水平上显著，个体收入水平越高，意味着乡城流动人口个人能力越强，因而对迁移行为具有显著正向影响。

在家庭特征变量方面，幼儿人口负担系数对迁移距离和迁移城市规模具有负向影响，对迁移模式具有显著正向影响，子女是家庭的牵挂，子女负担系数较高的乡城流动人口会因为兼顾家庭选择就近迁移至中小城市，倾向于举家迁移，也在一定程度上说明了子女教育对于乡城流动人口迁移的重要性。老年人口负担系数对迁移行为具有负向影响，但是均没有通过显著性检验。家庭人口规模对迁移行为具有负向影响，对迁移模式具有显著负向影响，且在1%的水平上显著，验证了以往的研究结论，家庭人口规模越多，在流入地的各种社会经济成本越高，越不利于举家迁移（韩叙和夏显力，2019）。宅基地面积和是否拥有承包对迁移行为均具有显著负向影响，由于城市就业的不稳定以及土地"禀赋效应"的存在，大多乡城流动人口视宅基地为进城务工中回流的最后退路（纪月清等，2010），很难放弃宅基地和土地承包权无偿向城市迁移。

在地区特征变量方面，流入地平均工资水平和流入地平均房价水平对迁移城市规模具有显著正向影响，乡城流动人口为追求更高的收入，更倾向于选择迁移至大城市。流入地平均房价水平对迁移模式具有负向影响，但是没有通过显著性检验。

2. 乡城流动人口迁移过程中人力资本与社会资本关系分析

通过人力资本—社会资本匹配性对迁移行为的估计结果可知，人力资本—社会资本匹配性对乡城流动人口迁移行为具有显著正向影响，即乡城流动人口人力资本和社会资本匹配程度越高，越有可能迁移至更高规模城市，越有可能实现举家迁移。以上分析验证了人力资本—社会资本匹配性与迁移行为之间的正向关系，但是，对于人力资本与社会资本不匹配的状态，例如，当乡城流动人口人力资本水平较低而社会资本水平较高时，或者人力资本水平较高而社会资本水平较低时，人力资本与社会资本的匹配状态对乡城流动人口迁移行为的影响如何？为此，需要对人力资本和社会资本水平进行分组，分析在人力资本和社会资本处于不同组合状态时，对其迁移行为的影响机制。

运用多元线性回归模型进行分组回归，依次将低—低型人力资本—社会资本和低—高型人力资本—社会资本、高—低型人力资本—社会资本、高—高型人力资本—社会资本归为同一组内，将低—低型人力资本—社会资本作为对照组，赋值为0，并依次将低—高型人力资本—社会资本、高—低型人力资本—社会资本、高—高型人力资本—社会资本赋值为1，分别估计不同人力资本和社会资本组合类型对乡城流动人口迁移行为的影响，模型估计结果如表5-3所示。

表5-3估计结果显示，与低—低型人力资本—社会资本相比，低—高型人力资本—社会资本对乡城流动人口迁移城市规模和迁移模式具有正向影响，但是均没有通过显著性检验。当乡城流动人口人力资本水平较低时，尽管人际网络较好，但是由于社会网络所接触到的顶端资源较少，社会资本难以对迁移行为发挥决定性作用，不会对迁移行为产生决定性影响。

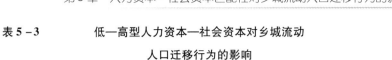

表 5 – 3　　　　　低—高型人力资本—社会资本对乡城流动
人口迁移行为的影响

指标	迁移距离	迁移城市规模	迁移模式
低—高型人力资本—社会资本	0.0626 (0.0387)	0.1256 (0.0787)	0.1169 (0.0745)
控制变量	已控制	已控制	已控制
F 值	58.63	34.00	19.68
R^2	0.2959	0.2122	0.1368
样本量	1466	1466	1466

注：括号里的数字为标准误；＊、＊＊、＊＊＊分别表示在 10%、5%、1% 的水平上显著。

表 5 - 4 估计结果显示，与低—低型人力资本—社会资本相比，高—低型人力资本—社会资本对乡城流动人口迁移行为具有显著正向影响。与拥有低—低型人力资本—社会资本乡城流动人口相比，拥有高—低型人力资本—社会资本的乡城流动人口长距离迁移的概率提高了 10.68%，迁移至更高规模城市的概率提高了 24.27%，举家迁移的概率提高了 39.18%。可以看出，即便社会资本水平较低，人力资本对乡城流动人口迁移行为发挥着决定性作用，人力资本水平越高的乡城流动人

表 5 - 4　　　　　高—低型人力资本—社会资本对乡城流动
人口迁移行为的影响

指标	迁移距离	迁移城市规模	迁移模式
高—低型人力资本—社会资本	0.1068＊＊ (0.0362)	0.2427＊＊＊ (0.0605)	0.3918＊＊＊ (0.0416)
控制变量	已控制	已控制	已控制
F 值	43.33	37.38	27.30
R^2	0.2657	0.2452	0.1642
样本量	1326	1326	1326

注：括号里的数字为标准误；＊、＊＊、＊＊＊分别表示在 10%、5%、1% 的水平上显著。

口更有能力适应高经济发展水平城市的工作和生活，因而长距离迁移可能性越大。城市规模越大，就业机会越多，工资溢价现象更为明显，个人能力越能够得以充分体现，因此，具有高人力资本的乡城流动人口更倾向于迁移至更高规模的城市。在迁移模式方面，人力资本水平越高，乡城流动人口在城镇谋生能力越强，进而举家迁移的可能性越大。

表5-5估计结果显示，与低—低型人力资本—社会资本相比，高—高型人力资本—社会资本对乡城流动人口迁移行为具有显著正向影响。与拥有低—低型人力资本—社会资本乡城流动人口相比，拥有高—低型人力资本—社会资本的乡城流动人口长距离迁移的概率提高了26.85%，迁移至更高规模城市的概率提高了34.12%，举家迁移的概率提高了65.97%。比低—高型人力资本—社会资本和高—低型人力资本—社会资本影响系数都要高。说明了高人力资本和高社会资本的组合下，乡城流动人口更有能力适应城镇的工作和生活，进而选择长距离迁移、迁移至更高规模城市以及举家迁移的可能性更高。

表5-5　　　　　　　高—高型人力资本—社会资本对乡城流动
人口迁移行为的影响

指标	迁移距离	迁移城市规模	迁移模式
高—高型人力资本—社会资本	0.2685*** (0.0413)	0.3412*** (0.0592)	0.6597*** (0.0423)
控制变量	已控制	已控制	已控制
F 值	57.10	72.87	46.13
R^2	0.2703	0.2930	0.2477
样本量	1546	1546	1546

注：括号里的数字为标准误；*、**、*** 分别表示在10%、5%、1%的水平上显著。

接下来，本章分析人力资本和社会资本不匹配状态时的低—高型人力资本—社会资本和高—低型人力资本—社会资本对迁移行为的影响，进一步验证人力资本和社会资本对迁移行为的影响程度。为此，本章将低—低型人力资本—社会资本和高—高型人力资本—社会资本从总样本中剔除，保留低—高型人力资本—社会资本和高—低型人力资本—社会资本样本，将低—高型人力资本—社会资本作为对照组，赋值为 0，将高—低型人力资本—社会资本赋值为 1，量化分析迁移行为中人力资本与社会资本作用孰轻孰重。分析结果如表 5 - 6 所示。

　　根据表 5 - 6 结果可以看出，与低—高型人力资本—社会资本相比，高—低型人力资本—社会资本对乡城流动人口迁移行为具有显著正向影响，且分别在 10%、5%、1% 的水平上显著，验证了假说 5.2。再次验证了在人力资本水平较高阶段，社会资本中异质性资源增加，社会信任程度增加，会对迁移行为产生正向作用。在乡城流动人口迁移行为中，社会资本作用的发挥需要人力资本存量的配合。对比估计结果系数可知，与低—高型人力资本—社会资本相比，高—低型人力资本—社会资本对迁移模式的影响最为显著，与拥有低—高型人力资本—社会资本的乡城流动人口相比，拥有高—低型人力资本—社会资本的乡城流动人口举家迁移的可能性提高了 25.77%。

表 5 - 6　　　　低—高型人力资本—社会资本与高—低型人力
资本—社会资本对迁移行为的对比分析

项目	迁移距离	迁移城市规模	迁移模式
高—低型人力资本—社会资本	0.0756 ** (0.0381)	0.1088 ** (0.0495)	0.2577 *** (0.0459)
控制变量	已控制	已控制	已控制
F 值	43.04	44.03	11.27
R^2	0.2749	0.2785	0.1035
样本量	1382	1382	1382

注：括号里的数字为标准误；*、**、*** 分别表示在 10%、5%、1% 的水平上显著。

　　在城乡二元结构的制度性背景下，乡城流动人口作为身份与职业相分离的过渡性群体，内部保持着高度的同质性，当人力资本水平较低时，根据社会资本的同质性理论，此时社会资本也是以资源重复、同质性较强的强关系型社会资本为主，乡城流动人口在城镇的生活过程中同样寻求该种类型社会关系网的保护以获取必要的社会资源和工作机会，但是这种同质性较强的社会资本不能帮助乡城流动人口实现向上流动，因而对其迁移行为不会具有决定性影响。当人力资本水平较高时，根据地位获得理论，乡城流动人口人力资本水平越高，那么在社会资本中异质性社会资源越丰富，此时社会资本不仅有以亲戚朋友为主的强关系型社会资本，也有在流入地新建立起来的弱关系型社会资本，通过社会网络关系触及的顶端资源更高（叶静怡和武玲蔚，2014），会在迁移决策过程中提供更为有效的信息，因此，在人力资本水平较高时，社会资本的变化会对乡城流动人口迁移行为具有显著正向影响。可以看出，人力资本对迁移行为的影响具有决定性作用，社会资本作用的发挥需要人力资本存量的配合。

5.4.2 倾向得分匹配实证结果分析

本章采用倾向得分匹配方法进行稳健性检验，以低—低型人力资本—社会资本作为对照组，依次分析与低—低型人力资本—社会资本相比，低—高型人力资本—社会资本、高—低型人力资本—社会资本以及高—高型人力资本—社会资本对迁移行为的影响。

1. 共同支撑域与平衡性检验

共同支撑假说和平衡假说是运用 PSM 方法的前提条件，本章绘制了密度函数图以检验匹配前后的共同支撑域，由于设计了三种迁移行为、四种人力资本和社会资本组合类型，而影响乡城流动人口不同迁移行为的因素又不尽相同，因此，本章以低—高型人力资本—社会资本对迁移距离的影响为例进行阐释，其他八种情形做类似处理，不再赘述。如图 5 - 1 所示，对于迁移距离而言，低—高型人力资本—社会资本与低—低型人力资本—社会资本的倾向得分具有较大范围的重叠，且多数观察值都在共同取值范围内，说明匹配效果良好。

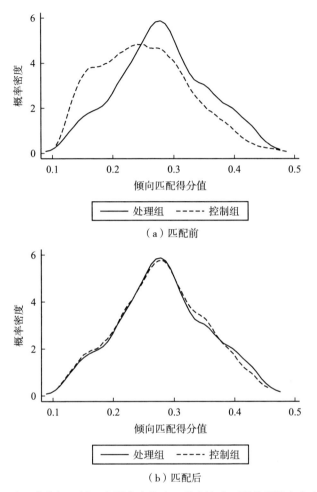

图 5 – 1　迁移距离指标下低—高型人力资本—社会资本匹配前后概率密度分布函数

注：带宽 = 0.0177。

图 5 – 2 列出了倾向得分匹配共同支撑域条形图，可以直观看出，大多数观测值均在共同取值范围内，只有少数样本损失，再次说明了模型匹配效果良好。表 5 – 7 为平衡性检验结果，表 5 – 8 为匹配前后模型总体拟合优度统计量。匹配后，Pseudo – R^2 值显著降低，LR 统计量不再显著，平行假说得以验证。

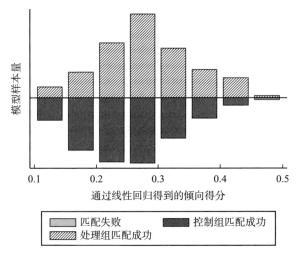

图 5 - 2   迁移距离指标下低—高型人力资本—社会资本匹配倾向得分的共同取值范围

表 5 - 7   匹配前后控制变量平衡性检验结果

变量	类型	均值		标准化偏差	标准化偏差变化	t 值
		实验组	对照组			
性别	匹配前	0.7531	0.8192	-16.1	74.2	-3.85***
	匹配后	0.7531	0.7702	-4.2		-0.75
年龄	匹配前	40.528	37.752	27.7	96.2	6.47***
	匹配后	40.528	40.421	1.1		0.20
养老保险	匹配前	0.2341	0.3792	-31.9	79.5	-7.13***
	匹配后	0.2341	0.2638	-6.5		-1.29
个体收入	匹配前	10.585	10.952	-50.7	93.1	-11.39***
	匹配后	10.585	10.559	3.5		0.67
幼儿人口负担系数	匹配前	0.2603	0.2773	-4.6	94.2	-1.07
	匹配后	0.2603	0.2594	0.3		0.05
老年人口负担系数	匹配前	0.0557	0.0591	-1.8	-71.4	-0.41
	匹配后	0.0557	0.0498	3.1		0.63
家庭人口规模	匹配前	3.3291	3.2425	7.0	60.7	1.60
	匹配后	3.3291	3.3631	-2.8		-0.52

续表

变量	类型	均值		标准化偏差	标准化偏差变化	t 值
		实验组	对照组			
宅基地面积	匹配前	3.0442	3.1609	−5.2	−2.2	−1.20
	匹配后	3.0442	3.1635	−5.3		−1.01
是否拥有土地	匹配前	0.1134	0.1031	3.4	−103.4	1.60
	匹配后	0.1134	0.1347	−6.8		−0.52

注：本章采用卡尺匹配算法；*** 表示在 1% 的水平上显著。

表 5 –8　　　　　　　　匹配前后模型总体拟合优度统计量

类型	Pseudo R^2	LR 统计量	P 值（P > χ^2）
匹配前	0.061	198.15	0.000
匹配后	0.003	6.69	0.670

2. 人力资本—社会资本匹配类型对迁移行为影响的效应分析

表 5 –9 运用卡尺匹配、卡尺内近邻匹配以及核匹配三种方法估计平均处理效应 ATT，估计结果具有一致性。对迁移距离而言，与低—低型人力资本—社会资本相比，低—高型人力资本—社会资本对迁移距离具有正向影响，但是没有通过显著性检验。高—低型人力资本—社会资本、高—高型人力资本—社会资本对迁移距离具有显著正向影响。从实证结果可以看出，无论社会资本水平如何变化，拥有更高人力资本的乡城流动人口更倾向于长距离迁移，说明了人力资本是决定迁移距离的决定因素，社会资本对人力资本具有补充和促进作用。

对迁移城市规模而言，与低—低型人力资本—社会资本相比，低—高型人力资本—社会资本对迁移城市规模具有正向影响，但是没有通过显著性检验。高—低型人力资本—社会资本、高—高型人力资本—社会资本对迁移城市规模具有显著正向影响。从实证结果可以看出，无论社会资本水平如何变化，拥有更高人力资本的乡城流动人口更倾向于向规模更大的城市迁移，大城市公共资源丰富、发展机会多、就业空间大，个人能力越能够得以充分体现。人力资本、社会资本水平越高，乡城流动人口迁移至规模较大的城市的可能性越高。

表 5-9　　　　人力资本—社会资本匹配类型对乡城流动
人口迁移行为的影响

匹配类型	匹配方法	迁移距离		迁移城市规模		迁移模式	
		ATT（%）	t 值	ATT（%）	t 值	ATT（%）	t 值
低—高型	卡尺匹配	0.085	1.61	0.1191	1.64	0.1153	1.56
	卡尺内近邻匹配	0.0885	1.61	0.1191	1.64	0.1153	1.56
	核匹配	0.0885	1.61	0.1191	1.64	0.1153	1.56
高—低型	卡尺匹配	0.1511**	2.25	0.2683***	2.88	0.3917***	8.32
	卡尺内近邻匹配	0.1511**	2.25	0.2683***	2.88	0.3917***	8.32
	核匹配	0.1511**	2.25	0.2683***	2.88	0.3917***	8.32
高—高型	卡尺匹配	0.3568***	6.32	0.2916***	3.56	0.5913***	10.80
	卡尺内近邻匹配	0.3568***	6.32	0.2916***	3.56	0.5913***	10.80
	核匹配	0.3568***	6.32	0.2916***	3.56	0.5913***	10.80

对迁移模式而言，与低—低型人力资本—社会资本相比，低—高型人力资本—社会资本对迁移城市规模具有正向影响，但是没有通过显著性检验。高—低型人力资本—社会资本、高—高型人力资本—社会资本对迁移城市规模具有显著正向影响。拥有高人力资本、高社会资本的乡城流动人口综合能力更强，因而在迁移过程中可以根据自身禀赋资源做出最有利的决策。

以上分析验证了模型估计结果的稳健性，再次说明了人力资本在乡城流动人口迁移行为中所发挥的决定性作用，社会资本作用的发挥需要人力资本的配合。

5.5 异质性分析

考虑到乡城流动人口群体内部高度分化的现实状况，人力资本—社会资本匹配类型对不同群体乡城流动人口迁移行为的影响可能存在差异。接下来，本章将按照人力资本和社会资本水平高低对样本进行分组，以验证不同人力资本和社会资本水平的变化情况所带来迁移行为的变化情况。在第4章节内容中已得知，乡城流动人口样本群体中，人力资本中位数为0.4315，将中位数以下定义为低人力资本组，将中位数及以上定义为高人力资本组。运用二元logistic模型，依次分析在人力资本异质性视角下，社会资本的变化对乡城流动人口迁移行为的影响机制；以及在社会资本异质性视角下，人力资本的变化对乡城流动人口迁移行为的影响机制。

5.5.1 人力资本异质性视角下社会资本对迁移行为的影响分析

表5－10为人力资本分组情况下社会资本对迁移行为的模型估计结果，从表中可以看出，在低人力资本组中，社会资本的变动对迁移距离、迁移城市规模和迁移模式均具有正向影响，但是没有通过显著性检验。在高人力资本组中，社会资本的变动对乡城流动人口迁移行为具有显著正向影响，且分别在5%、5%、1%的水平上显著。对比分析发现，社会资本在低人力资本组和高人力资本组中作用机制并不相同，社会资本作用的发挥需要人力资本的配合。一个很可能的解释是，根据社会资本的同质性原理（Mcpherson，2001）及地位获得理论（边燕杰，2012），在低人力资本组中，乡城流动人口社会资本仍以亲朋好友关系为主导的原始型社会资本为主，这类社会资本同质性较强、资源重复，无法为乡城流动人口提供更多的信息，也就不可能对迁移行为产生决定

性影响。在高人力资本组中，乡城流动人口社会资本中的异质性增加，不仅会有原始型社会资本，也会通过接受再教育、培训等方式提高在流入地的社会网络，形成新的社会资本，此时通过社会网络关系触及的顶端资源水平更高，会在迁移决策过程中提供重要和关键的信息，社会网络规模和社会信任水平的提高降低了乡城流动人口在迁移过程中产生的经济成本、心理成本以及可能遇到的各种风险，增强乡城流动人口在城镇的融入感和归属感，因而会对迁移决策产生决定性影响。

表 5 – 10　　　　人力资本异质性视角下社会资本对迁移行为的

分组回归结果

类别	变量	低人力资本组	高人力资本组
迁移距离	社会资本	0.0166 (– 0.1779)	0.5424 ** (– 0.1763)
	控制变量	已控制	已控制
	F 值	3.34	8.67
	R^2	0.021	0.0577
迁移城市规模	社会资本	0.2466 (– 0.2617)	0.5217 ** (– 0.2617)
	控制变量	已控制	已控制
	F 值	4.35	8.73
	R^2	0.0394	0.0902
迁移模式	社会资本	0.2332 (– 0.1597)	0.5176 *** (– 0.1845)
	控制变量	已控制	已控制
	F 值	3.42	10.23
	R^2	0.0292	0.0901
	样本量	1403	1525

注：括号里的数字为标准误；＊、＊＊、＊＊＊分别表示在10%、5%、1%的水平上显著。

5.5.2　社会资本异质性视角下人力资本对迁移行为的影响分析

表5－11为社会资本异质性视角下人力资本对迁移行为的模型估计结果，可以看出，无论在低社会资本组还是高社会资本组中，人力资本的变动对迁移距离、迁移城市规模和迁移模式均具有显著正向影响。由此看出，人力资本在乡城流动人口迁移行为中发挥着决定性作用。在人力资本水平较高阶段，较高的受教育程度、技能水平和健康状况等个体属性影响人力资本积累，进而会做出更有利于自身发展的迁移决策。

表5－11　　　　社会资本异质性视角下人力资本对迁移行为的分组回归结果

类别	变量	低人力资本组	高人力资本组
迁移距离	社会资本	0.3679 ** (0.1606)	0.7313 ** (0.1470)
	控制变量	已控制	已控制
	F 值	22.50	27.42
	R^2	0.1393	0.1430
迁移城市规模	社会资本	1.3885 *** (0.2378)	1.3692 *** (0.1935)
	控制变量	已控制	已控制
	F 值	40.66	60.12
	R^2	0.2554	0.3356
迁移模式	社会资本	0.8298 *** (0.1782)	1.3430 *** (0.1424)
	控制变量	已控制	已控制
	F 值	17.65	20.60
	R^2	0.1755	0.1538
	样本量	1389	1539

注：括号里的数字为标准误；＊、＊＊、＊＊＊分别表示在10％、5％、1％的水平上显著。

5.5.3 代际差异视角下人力资本—社会资本匹配性对迁移行为的影响分析

由于乡城流动人口群体内部具有异质性，因此，有必要从代际差异方面将乡城流动人口区分开来，进一步探讨不同类型乡城流动人口的人力资本—社会资本匹配性对其职业选择的作用机制及效果上的差异。已有不少研究考察了乡城流动人口群体的代际分化问题（钱文荣和李宝值，2013；梁宏，2014），通常的群组划分方法是将乡城流动人口群体划分为新生代乡城流动人口和老一代乡城流动人口（李培林和田丰，2011）。考虑到新生代的概念提出已久（王春光，2001），随着时代的发展，这一说法已不能很好地反映乡城流动人口群体内部的群组分化（孟凡强和初帅，2018）。基于此，本章借鉴贺京同和郝身永（2013）做法，按照年龄的中位数，将乡城流动人口样本群体划分为高年龄组（age≥中位数）和低年龄组（age＜中位数）。将低年龄组赋值为1，高年龄组赋值为0。CLDS2014年和CLDS2016年数据中，中位数均为36岁。其中，低年龄组样本有1 326人，高年龄组样本有1 602人。在此基础上，运用调节效应检验方法，分析年龄在人力资本—社会资本匹配性对乡城流动人口迁移行为中的调节作用。表5-12估计了在代际差异视角下人力资本—社会资本匹配性对乡城流动人口迁移行为的影响，估计结果如表5-12所示。

表5-12　　年龄在人力资本—社会资本匹配性对迁移行为的调节效应分析

变量	迁移距离	迁移城市规模	迁移模式
人力资本—社会资本匹配性×是否低年龄组	0.9423 * (0.5605)	0.6714 ** (0.3444)	0.0871 (0.4549)
人力资本—社会资本匹配性	0.1816 (0.5236)	2.0031 * (1.1021)	2.4355 ** (0.8011)

续表

变量	迁移距离	迁移城市规模	迁移模式
是否低年龄组	0.0968 ** (0.0316)	0.1086 ** (0.0538)	0.0445 (0.0328)
人力资本	0.3863 * (0.2075)	0.7776 ** (0.3167)	1.2921 *** (0.2623)
社会资本	0.2699 (0.2915)	0.3024 (0.2805)	0.4436 ** (0.2279)
控制变量		已控制	
F 值	31.72	77.22	72.71
R^2	0.1258	0.3021	0.2038
样本量		2928	

注：括号里的数字为标准误；*、**、*** 分别表示在 10%、5%、1% 的水平上显著。

由模型估计结果可知，年龄在人力资本—社会资本匹配性对迁移距离、迁移城市规模的影响中发挥正向调节作用，且分别在 10%、5% 的水平上显著。年龄在人力资本—社会资本匹配性对迁移模式的影响中的调节效应并不明显。

在年龄的调节作用下，低年龄组的乡城流动人口人力资本—社会资本匹配性越高，进行长距离迁移以及迁移至更高规模城市的可能性越高。一个可能的原因是，乡城流动人口作为理性经济人，对于低年龄组样本群体而言，当其人力资本和社会资本匹配程度较高时，更倾向于迁移至更高规模的城市以获得与个人能力相匹配的收入；而对于高年龄组样本群体而言，其迁移至城市的目的是获得收入，更多是为了生计而被迫迁移。年龄在人力资本—社会资本匹配性对迁移模式中调节效应并不显著，意味着无论是低年龄组还是高年龄组乡城流动人口，迁移模式对年龄的变化并不敏感。

5.6 本章小结

本章首先从理论角度梳理了人力资本—社会资本匹配性影响乡城流动人口迁移行为的作用机理，其次通过构建多元线性回归模型实证分析得出人力资本—社会资本匹配性对乡城流动人口迁移行为的影响机制，并运用倾向得分匹配模型进行验证分析，最后进行异质性分析。主要研究结论有以下四点。

（1）人力资本—社会资本匹配性对乡城流动人口迁移城市规模和迁移模式具有显著正向影响，且分别在10%、5%的水平上显著。人力资本和社会资本匹配程度越高，乡城流动人口迁移至更高规模城市的可能性越高，举家迁移的可能性越高。

（2）与低—低型人力资本—社会资本相比，低—高型人力资本—社会资本对迁移行为具有正向影响，但是没有通过显著性检验；高—低型人力资本—社会资本、高—高型人力资本—社会资本对迁移行为具有显著正向影响，且高—高型人力资本—社会资本对迁移行为的估计系数显著大于高—低型人力资本—社会资本对迁移行为的估计系数。在人力资本处于较低水平时，无论社会资本水平高低，都不会对迁移行为产生决定性影响；在人力资本处于较高水平时，无论社会资本水平高低，都会对迁移行为产生正向影响。社会资本效用的发挥需要借助人力资本才能实现。当人力资本水平较低时，乡城流动人口社会资本结构单一，同质性较强，单靠社会网络规模的扩大不会对迁移决策带来决定性影响；当人力资本水平较高时，乡城流动人口社会资本中异质性资源增加，通过社会网络触及的顶端资源更多，会对迁移决策带来决定性影响。因而在乡城流动人口迁移行为过程中，人力资本发挥更为重要的作用。

（3）与低—高型人力资本—社会资本相比，高—低型人力资本—社会资本对乡城流动人口迁移行为具有显著正向影响，且分别在5%、

5%、1%的水平上显著。对比估计结果系数可知，对迁移模式的影响最为显著，与拥有低—高型人力资本—社会资本的乡城流动人口相比，拥有高—低型人力资本—社会资本的乡城流动人口举家迁移的可能性提高了25.77%。

（4）分组回归结果显示，在低人力资本组中，社会资本的变动对迁移距离、迁移城市规模和迁移模式均具有正向影响，但是没有通过显著性检验。在高人力资本组中，社会资本的变动对乡城流动人口迁移行为具有显著正向影响，且分别在5%、5%、1%的水平上显著。无论在低社会资本组还是高社会资本组中，人力资本的变动对迁移距离、迁移城市规模和迁移模式均具有显著正向影响。由此看出，人力资本在乡城流动人口迁移行为中发挥着决定性作用。在年龄的调节作用下，低年龄组的乡城流动人口人力资本—社会资本匹配性越高，进行长距离迁移以及迁移至更高规模城市的可能性越高。年龄在人力资本—社会资本匹配性对迁移模式中调节效应并不显著，意味着无论是低年龄组还是高年龄组乡城流动人口，迁移模式对年龄的变化并不敏感。

第 6 章

人力资本—社会资本匹配性对乡城
流动人口职业选择影响

6.1 引言

　　伴随着改革开放 40 多年的发展，我国流动人口规模不断扩大，由 1982 年的 670 万人增长至 2019 年的 2.80 亿人，增长了 41.79 倍，人口流动已然成为我国人口变动的主要因素。2019 年国家统计局数据显示，中国农民工总量增长至 2.91 亿人，其中外出农民工 1.74 亿人，占全国人口总量的 12.43%。这个人类历史上规模最庞大的乡城流动人口群体，对中国的劳动力优化配置、经济增长以及城市化都有着重要且深远的影响。然而由于中美贸易摩擦升级、宏观经济输入性风险加大等原因，我国劳动力比较优势降低，相关产业链工人就业困难问题越发显现（张原，2020）。此外，乡城流动人口由于自身受教育水平较低，职业技能不足，社会网络资源少，加之二元劳动力市场分割问题的存在，难以在城市获得比较满意的职业。在这种形势下，"大众创业、万众创新"成为必然选择，其出发点在于鼓励劳动者通过多种形式就业，提高劳动者收入水平，将自身人力资本存量转变为经济收入流量（赵颖，2017）。那么，从劳动力供求匹配角度分析，选择合适的职业，提高职业与乡城流动人口个体特征的匹配程度，进一步提升乡城流动人口的劳动力资源利用效率，就显得尤为重要。在诸多的个体特征中，以教育、技能、健康为主的人力资本和以社会网络为主的社会资本，在增加收入、促进信息流动、提高职业匹配程度方面发挥重要作用（郭云南和姚洋，2013；李宝值等，2016；赵建国和周德水，2019；周晔馨等，2019）。然而，大多数研究从人力资本或社会资本单个视角出发，较少研究从人力资本和社会资本视角对乡城流动人口职业选择问题进行系统、整体分析，更缺乏从人力资本—社会资本匹配视角，分析人力资本—社会资本匹配对乡城流动人口职业选择影响机制和作用机理进行探讨。

基于此，本章基于人力资本理论、社会资本理论、工作搜寻理论、人—职匹配理论等，运用 2014 年和 2016 年 CLDS 混合截面数据，就人力资本—社会资本匹配关系对乡城流动人口职业选择的影响及其内在机理展开实证分析。本章的边际贡献在于，从人力资本—社会资本匹配视角对乡城流动人口职业选择影响机理进行分析，为深入研究乡城流动人口职业选择问题提供了一个新的视角，是对已有研究的有益补充。通过实证分析研究人力资本—社会资本匹配性对乡城流动人口职业选择的影响，以及通过对不同群体进行异质性分析，刻画乡城流动人口职业选择的提升路径。

6.2　理论分析与研究假说

施恩（1978）提出的职业锚理论认为，个体所拥有的能力、求职动机、求职需要、个人价值观和对职业的态度相互作用、逐步整合，共同形成了职业锚（Edgar Schein，1978）。在确定职业锚的过程中，个人能力对职业选择作用至关重要，个体能力中人力资本水平的提升决定职业选择及职业定位（王烨烨和张同利，2020）。人力资本存量越高，乡城流动人口越倾向于选择发展型职业，以实现自身价值。社会资本理论认为，社会网络资源越丰富，个体行动者受益越多，社会网络资源可以增强行动的效果（Lin，1999）。在劳动力市场中，职业选择相关信息不仅可以通过劳动力市场传播，更重要的是可以通过社会关系网络进行传递，进而促进信息流动，解决劳动力市场中信息不对称问题，获得更多的就业信息和就业机会。

由此看来，人力资本和社会资本都对职业选择发挥着重要的影响作用，对于乡城流动人口而言，人力资本反映了重要的技能和知识指标，人力资本水平越高，就业期望越高；社会资本水平越高，获得的信息和资源越多。因此，本章认为，乡城流动人口所拥有的人力资本和社会资本综合状况对其职业选择具有显著正向影响，且在一定程度上，社会资本促进了人力资本对乡城流动人口职业选择的正向影响。基于此，本章提出假说6.1。

假说6.1：与生存型受雇职业相比，人力资本—社会资本匹配性越高，乡城流动人口选择发展型职业的可能性更高。

根据以上分析可知，人力资本和社会资本都会对乡城流动人口职业选择产生重要影响，那么，人力资本和社会资本对乡城流动人口职业选择的作用孰轻孰重？根据人力资本信号理论，教育作为一种筛选装置，起着信号的作用。市场选择机制将个人的人力资本存量与工作层次两者相匹配（李黎明和张顺国，2008），它意味着人力资本水平越高，乡城流动人口在就业市场中所占优势越大，进而职业回报也越高。根据地位获得理论（边燕杰，2012），人力资本水平越高，所决定的乡城流动人口处于社会网络结构中位置越高，越有可能获得更多、更高价值的资源。因而，在乡城流动人口受雇职业选择过程中，人力资本发挥至为关键的作用。在自雇职业选择过程中，由于自雇职业者往往需要社会网络以维持稳定的客户源，因而社会资本对自雇职业选择更为重要。基于此，本章提出假说6.2。

假说6.2：相较于社会资本，人力资本在乡城流动人口受雇职业选择过程中发挥着更为关键性的作用；相较于人力资本，社会资本在乡城流动人口自雇职业选择过程中发挥着更为关键性的作用。

在乡城流动人口人力资本水平较低时，乡城流动人口只能通过老乡、亲友等关系介绍进入劳动力市场，从事进入门槛低、无任何劳动保障、收入较低的体力劳动为主的生存型职业。但是由于人力资本水平和社会资本水平均较低，乡城流动人口很难了解如何自雇，选择生存型受雇的概率要高于生存型自雇。当在城市积累到一定社会资本后，乡城流动人口为争取更自由的时间、获得更高的收入，通过关系网络信号选择自雇的可能性会上升。基于此，本章提出假说6.3。

假说6.3：与拥有低—低型人力资本—社会资本的乡城流动人口相比，拥有低—高型人力资本—社会资本的乡城流动人口更倾向于选择生存型自雇而非生存型受雇。

当乡城流动人口人力资本水平较高时，根据地位获得理论，此时无论社会资本水平的高低，拥有高人力资本的乡城流动人口都具备通过正式渠道获得职业的能力和资格（吴愈晓，2010），当社会资本水平较低时，乡城流动人口更倾向于获得发展型受雇职业。当社会资本水平较高时，乡城流动人口由于可以较好地处理人际关系和协调事情而获得发展型受雇或发展型自雇。但是由于受传统思想影响及乡城流动人口个体风险规避思想，社会职业的导向是到大公司或国有部门任职才是更好的职业选择（黄志岭，2012；景再方等，2012），乡城流动人口选择发展型受雇的可能性会大于发展型自雇。基于此，本章提出假说6.4。

假说6.4：与拥有高—低型人力资本—社会资本的乡城流动人口相比，拥有高—高型人力资本—社会资本的乡城流动人口更倾向于选择发展型受雇而非发展型自雇。

6.3 变量选择和模型设定

6.3.1 变量选择

被解释变量：本章将职业选择作为被解释变量，具体分为四种类型：分别是生存型受雇、发展型受雇、生存型自雇、发展型自雇。

解释变量：在进行人力资本—社会资本匹配性对乡城流动人口迁移行为的影响分析时，本章将人力资本—社会资本匹配性以及人力资本—社会资本组合类型作为核心解释变量，具体测算已经在第4章进行了说明，在此不再赘述。

此外，本章还分析了对于人力资本与社会资本不匹配的状态时人力资本—社会资本组合对乡城流动人口职业选择的影响。具体方法同第5章一致，依次将低—低型人力资本—社会资本和低—高型人力资本—社会资本、高—低型人力资本—社会资本、高—高型人力资本—社会资本归为同一组内，将低—低型人力资本—社会资本作为对照组，赋值为0，并依次将低—高型人力资本—社会资本、高—低型人力资本—社会资本、高—高型人力资本—社会资本赋值为1。

控制变量：在个人特征变量方面，众多文献表明，年龄、性别、收入等个体特征变量会对乡城流动人口职业选择产生影响（Gagnon，2009；Wang et al.，2010；宁光杰，2012a；朱志胜，2018；景再方等，2018），年龄平方同样会对乡城流动人口职业选择产生影响（宁光杰，2012a），随着年龄的增长，自雇的可能性会增加，以获得更多的收入。但是在年龄增长到一定程度后，乡城流动人口又倾向于选择稳定的受雇职业以规避风险。流动时间也会影响乡城流动人口职业选择（Lofstrom，2000），随着流动时间的增加，乡城流动人口获得的市场供求信息也会增加，根据职业搜寻理论及工资匹配理论，乡城流动人口势必会根据自身人力资本及社会资本水平，选择与其个人禀赋相匹配的职业。初次流动时职业类型也是影响乡城流动人口职业选择的重要影响因素之一，阿开（Akee et al.，2007）发现以前在移民母国的自雇经历是决定他们从事自雇的重要因素，反映了就业状态的路径依赖。此外，本章还选取了两个心理变量，坚韧意念和坚定信心，在 CLDS 问卷中分别用问题"就算身体有点不舒服，或者有其他理由可以休息，我也会努力完成每日该做的事情""就算一件事要花费好长时间才能有结果，我仍然会不断尽力去做"表示，用以反映乡城流动人口心理因素对职业选择的影响。在家庭特征变量方面，选取家庭人口规模作为家庭特征变量。在地区特征方面，选择东、中、西三大区域虚拟变量以考察不同区域经济环境对乡城流动人口职业选择的影响。

6.3.2 描述性统计结果分析

如图 6-1 所示，在乡城流动人口职业选择中，选择生存型受雇的有 1 071 人，占乡城流动人口样本群体的 36.57%；选择发展型受雇的有 1 065 人，占乡城流动人口样本群体的 36.37%；选择生存型自雇的有 672 人，占乡城流动人口样本群体的 22.95%；选择发展型自雇的有 120 人，占乡城流动人口样本群体的 4.10%。可以看出，在整个样本群体中，

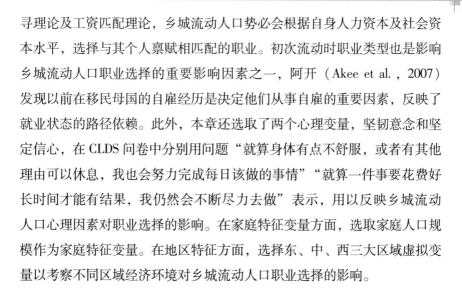

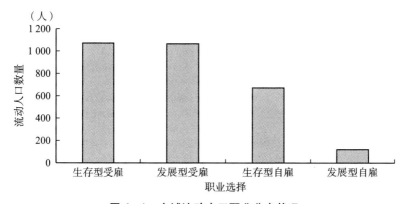

图 6-1 乡城流动人口职业分布状况

乡城流动人口职业选择以受雇职业为主，生存型受雇和发展型受雇占比相差不大。在自雇职业中，以生存型自雇职业为主，发展型自雇占比较少。

表6-1为各个变量的描述性统计结果分析。

表6-1　　　　　　　　变量描述性统计结果分析

变量类型	变量名称	变量含义及赋值	均值	标准差
因变量	职业类型	是否受雇，是 =1，否 =0	0.73	0.44
		生存型受雇 =1，发展型受雇 =2 生存型自雇 =3，发展型自雇 =4	1.95	0.87
核心解释变量	人力资本—社会资本匹配性	人力资本—社会资本匹配指数	0.12	0.07
	低—高型	低—高型 =1，低—低型 =0	0.52	0.49
	高—低型	低—高型 =1，低—低型 =0	0.47	0.50
	高—高型	低—高型 =1，低—低型 =0	0.54	0.50
	性别	男 =1，女 =0	0.8	0.4
	年龄（周岁）	受访者访问当年实际年龄	38.42	9.99
	年龄平方	受访者访问当年实际年龄平方	1 575.88	773.38
	个体收入（万元/年）	主事者在城镇工资性、经营型所得收入	5.21	2.14
控制变量	流动时间（年）	主事者在外流动时间	10.34	7.99
	初次流动职业类型	主事者初次流动职业类型 受雇 =1，自雇 =0	0.79	0.4
	坚韧意念	对于坚韧意念问题描述是否同意，非常不同意 =1，不同意 =2，同意 =3，非常同意 =4	2.89	0.55
	坚定信心	对于坚定信心问题描述是否同意，非常不同意 =1，不同意 =2，同意 =3，非常同意 =4	2.91	0.51
	家庭人口规模（人）	核心家庭成员数量	3.26	1.25
	东部地区	是否东部地区，是 =1，否 =0	0.7	0.45
	中部地区	是否中部地区，是 =1，否 =0	0.16	0.37

注：为节约篇幅，此处"低—低型"代表低人力资本—低社会资本组合，"低—高型"代表低人力资本—高社会资本组合，"高—低型"代表高人力资本—低社会资本组合，"高—高型"代表高人力资本—高社会资本组合。

6.3.3 模型设定

1. 二元 logistic 模型

本章首先将职业类型分为两种，即受雇职业和自雇职业。因此，在模型设定上，职业选择为二元选择问题，可以运用二元 logistic 模型进行分组回归，分析人力资本—社会资本匹配性对职业选择的边际效应。模型具体形式如式（6-1）所示：

$$P = F(y_j = 1 \mid x_i) = \frac{1}{1 + e^{-y_j}} \qquad (6-1)$$

其中，y_j 代表乡城流动人口职业选择；$y_j = 1$ 代表受雇职业，$y_j = 0$ 代表自雇职业；P 代表乡城流动人口选择受雇职业的概率；x_i 表示影响乡城流动人口职业选择的解释变量。

对乡城流动人口职业选择的概率 P 转化为非线性问题。

首先，将职业选择概率 P 转换为事件发生比率，$odds = \frac{P}{1-P}$，odds 为乡城流动人口选择受雇职业与选择自雇职业的概率之比。同时，odds 随着 P 的变动而变动，是单调函数，与 P 的变动方向具有一致性。

其次，将 odds 进行对数化处理，可以表示为 $lnodds = \ln\left(\frac{P}{1-P}\right)$。logit(P) 即为 lnodds，logit(P) 的变化方向与 odds 以及 P 的变化方向相同，P 取值在 0~1。

因此，logistic 回归方程经过上述 logit 变换后，可以表示为式（6-2）：

$$logit(P) = \alpha_i + \beta_1 x_1 + \cdots + \beta_i x_i + \varepsilon_i \qquad (6-2)$$

其中，α_i 为常数项，β_i 为回归系数，ε_i 为随机误差项。

2. 多项 logit 模型

根据理性小农理论（Schultz，1962），拥有不同人力资本、社会资本组合的乡城流动人口选择何种职业类型，是追求效用最大化理性决策行为的体现。随机效用模型能够较好地解释、刻画乡城流动人口职业选择行为。麦克法登（McFadden，1973）创立了随机效用模型，此后得到广泛应用。随机效用模型指出，个体理性决策所产生的效用水平不同，其决策目的在于实现自身效用最大化。随机效用模型具体形式如式（6-3）所示：

$$U^m = r_m x_m + \delta_m \quad U^n = r_n x_n + \delta_n \qquad (6-3)$$

其中，U 表示乡城流动人口做出职业选择时的效用。x 为解释变量，具体包括个人特征、家庭特征和区域特征等。γ 是待估参数，δ 是随机误差项，m 和 n 则表示选择该种决策的可能性和没有选择该种决策的可能性。在乡城流动人口进行职业选择时，若 $U^m \geq U^n$，则表明选择该种决策可以实现效用最大化；反之，当 $U^m < U^n$ 时，表明选择该种决策并不能实现效用最大化，达到理想效用水平。因此，当选择职业类型 m 所带来的效用高于其他类型职业时，乡城流动人口职业选择决策可以改写成如下概率方程为式（6-4）：

$$P(Y = m \mid x) = P(U^m \geq U^n) = P(U^n - U^m \leq 0)$$
$$= P(\delta_n - \delta_m \leq r_m x_m - r_n x_n) \qquad (6-4)$$

对于乡城流动人口职业选择而言，其决策过程为多值选择，因此，本章采用多项 logit 回归模型，以估计各个自变量与乡城流动人口职业选择的关系。

假说效用函数的误差项是独立分布的，乡城流动人口 i 选择何种职业 k_j 的概率（$y_i = k_j$）的概率可以表示为式（6-5）：

$$\mathrm{Prob}(y_i = k_j) = \frac{\exp(\alpha_k X_i + \beta_k D_i + \gamma_k P_i + \delta_k Q_i)}{\sum \exp(\alpha X_i + \beta D_i + \gamma P_i + \delta Q_i)} \qquad (6-5)$$

其中，因变量 y_i 是一个分类变量，代表乡城流动人口 i 对职业 k_j 的选择，k_j 表示乡城流动人口职业选择的集合，取值 $k_j = \{1, 2, 3, 4\}$。X_i 为人力资本—社会资本匹配性向量，D_i 为主事者个人特征变量向量，P_i 为家庭特征变量，Q_i 为地区特征变量。在多项选择模型中，无法同

时识别所有的系数 β_k，需要建立参照方案进行估计。假说选取 $y_i = k$ 作为参照，整理式（6-5）即得式（6-6）：

$$P(y = j \mid y = mode) = \frac{P(y = j)}{P(y = k) + P(y = j)} = \frac{\exp(x_i'\beta_j)}{1 + \exp(x_i'\beta_j)} \quad (6-6)$$

则相对风险比率为式（6-7）：

$$\frac{P(y = j)}{P(y = k)} = \exp(x_i'\beta_j) \quad (6-7)$$

对数几率比为式（6-8）：

$$\ln \frac{P(y = j)}{P(y = k)} = x_i'\beta_j \quad (6-8)$$

将核心自变量及一系列控制变量代入式（6-8），得到乡城流动人口职业选择模型式（6-9）：

$$\ln \frac{P_j}{P_k} = \alpha_k X_i + \beta_k D_i + \gamma_k P_i + \delta_k Q_i + \delta \quad (6-9)$$

6.4　实证分析

6.4.1　多重共线性检验

本章首先对各自变量之间进行多重共线性检验，以确保模型是准确和稳定的。多重共线性检验的方法是选取其中一个自变量作为因变量，其余自变量作为自变量进行回归分析，检验容忍度或方差膨胀因子（VIF）是否在可行范围之内。容忍度值（1/VIF）越小，越可能存在共线性问题，容忍度合理的范围是（0.1～∞）；方差膨胀因子是容忍度的倒数，若其值≥10，说明自变量之间可能存在多重共线性问题。

表6-2显示了以性别为因变量，年龄、年龄平方、个体收入、流动时间、初次流动职业类型、坚韧意念、坚定信心、家庭人口规模、区

域虚拟变量等为自变量的多重共线性检验结果。由表 6 – 2 可以看出，容忍度的最小值为 0.02，VIF 值的最大值为 63.44，VIF 平均值为 13.55。可见年龄与年龄平方之间存在严重共线性问题。将年龄平方删去后再次进行回归发现，容忍度最小值为 0.78，VIF 值最大值为 1.28，VIF 平均值为 1.34，去除年龄平方后不存在较为严重的多重共线性问题。然而，如果多重共线性并不影响所关心变量的显著性，那么也可以不必理会，多重共线性的主要后果是使得对单个变量的贡献估计不准确，但是所有变量的整体效应仍可以较为准确地估计（陈强，2013）。在本章中，多重共线性的存在并没有影响解释变量的显著性，因此，本章保留年龄平方这一解释变量。

表 6 – 2　　　　　　　　　　　多重共线性检验结果

指标	共线性统计量	
	VIF	1/VIF （容忍度）
年龄	63.44	0.02
年龄平方	61.22	0.02
个体收入	1.06	0.94
流动时间	1.24	0.81
初次流动职业类型	1.07	0.93
坚韧意念	1.26	0.93
坚定信心	1.24	0.79
家庭人口规模	1.24	0.81
东部地区	1.92	0.52
中部地区	1.83	0.54

同理，可以对其他各变量进行多重共线性检验。受篇幅所限，本章略去其他变量的检验过程。综合全部运行结果来看，去除年龄平方项外，多重共线性检验容忍度最小值为 0.52，方差膨胀因子 VIF 最大值

为 1.91，均在合理范围内，各自变量之间不存在严重的多重共线性问题，模型运行稳定具体检验结果见表 6 - 3。对于年龄及年龄平方项的多重共线性问题，根据前面分析，可以不必理会。

表 6 - 3　　　　　多重共线性检验结果（去除年龄平方项）

指标	共线性统计量	
	VIF	1/VIF（容忍度）
年龄	1.28	0.78
个体收入	1.05	0.95
流动时间	1.22	0.82
初次流动职业类型	1.07	0.93
坚韧意念	1.26	0.79
坚定信心	1.24	0.81
家庭人口规模	1.16	0.86
东部地区	1.92	0.52
中部地区	1.83	0.54

6.4.2　人力资本—社会资本匹配对乡城流动人口职业选择的实证回归结果

为考察人力资本—社会资本匹配性对乡城流动人口职业选择的影响，本章分两次进行回归。第一次运用二元 logistic 模型，分析人力资本—社会资本匹配性对受雇、自雇职业选择的影响，由于受雇、自雇内部具有差异性，仅仅从这两个层面进行划分可能会忽略到受雇、自雇群体的内部差异，得出的结论不具有参考性。因此，在第二次回归中，本书在受雇、自雇职业的基础上，参考宁光杰（2012b）、景再方等（2018）以及孙迪等（2020）做法，受雇群体内部划分为生存型受雇、发展型受雇，将自雇群体内部划分为生存型自雇、发展型自雇，运用多项 logit

模型，通过比较人力资本—社会资本匹配性对不同职业选择的影响，以获得较为准确的结果。

此外，值得注意的是，基于主要研究目的和表格篇幅的考虑，所有估计结果中皆省略了控制变量的回归结果，仅展示核心变量的系数估计结果。

1. 人力资本—社会资本匹配性对乡城流动人口受雇、自雇职业选择的影响

为了考察采用二元 logistic 模型的适当性，必须从整体上对模型进行检验，检验结果如下，LR、chi 分别在 1% 的水平上显著，Pseudo R^2 值良好，说明模型总体拟合效果良好，建立二元 logistic 模型是适当的。对人力资本—社会资本匹配性指数进行去中心化处理，得到模型估计结果如表 6 -4 所示。

表 6 -4　　　　　人力资本—社会资本匹配性对乡城流动人口
受雇、自雇职业选择的影响

匹配类型	系数 （标准误）	边际效应 （标准误）	Wald 检验	最大似然比	Pseudo R^2
人力资本—社会资本 匹配性	1.5349 (1.6653)	0.1632 (0.1773)	802.03	-1059.49	0.3854
人力资本	0.3106 (0.5020)	0.0330 (0.0534)			
社会资本	-1.6431 *** (0.4971)	-0.1747 *** (0.1526)			
控制变量	已控制				
样本量	2928				

注：括号里的数字为标准误；* 、** 、*** 分别表示在 10% 、5% 、1% 的水平上显著。

由表 6-4 可知，人力资本—社会资本匹配性对乡城流动人口受雇、自雇的职业选择并不显著，可能的原因在于受雇、自雇职业内部具有异质性，单纯以受雇、自雇职业进行划分，未免过于笼统。社会资本对乡城流动人口选择受雇职业具有显著负向影响，且在 1% 的水平上显著，说明了社会资本在乡城流动人口从事自雇职业选择中的重要作用。社会资本每提高 1 个单位，乡城流动人口从事受雇职业的概率降低 17.47%。

2. 人力资本—社会资本匹配性对乡城流动人口职业选择的进一步分析

表 6-5 显示了多项 logit 模型中，人力资本—社会资本匹配性对乡城流动人口职业选择的影响。估计结果显示，与生存型受雇相比，人力资本—社会资本匹配性对发展型受雇、及发展型自雇具有显著正向影响，且分别在 5%、1% 的水平上显著。人力资本、社会资本对发展型受雇和发展型自雇均具有显著正向影响。

表 6-5　　　　人力资本—社会资本匹配性对乡城流动人口
职业选择的影响分析

变量类型	变量名称	发展型受雇 模型 1	生存型自雇 模型 2	发展型自雇 模型 3
		系数 （标准误）	系数 （标准误）	系数 （标准误）
解释变量	人力资本—社会资本匹配性	7.5117 ** （3.3810）	1.6913 （1.8969）	22.1542 *** （6.3354）
	人力资本	2.2142 ** （0.8691）	2.1171 * （1.1295）	2.1581 ** （1.1052）
	社会资本	2.1043 （1.5895）	3.0679 * （1.7661）	9.7405 ** （3.7317）

续表

变量类型	变量名称	发展型受雇 模型 1	生存型自雇 模型 2	发展型自雇 模型 3
		系数 （标准误）	系数 （标准误）	系数 （标准误）
控制变量		已控制		
Wald 检验		1073.94		
Pseudo R^2		0.2412		
最大似然比		−2676.07		
样本量		2928		

注：括号里的数字为标准误；＊、＊＊、＊＊＊分别表示在 10%、5%、1%的水平上显著。

由于多项 logit 模型的参数含义不直观，表 6 - 4 中结果只能从显著性和参数符号方面给出有限的信息。因此，本章参考连玉君等（2014）的做法，进一步计算得出解释变量对乡城流动人口职业选择的边际效应。

首先，本章计算当所有解释变量处于均值时，其单位变化状况如何影响被解释变量取各个值的概率，当解释变量变动 1 个单位时，被解释变量取各个值的概率如何变化，可用式（6 - 10）来计算：

$$\frac{\partial \mathrm{Prob}(\mathrm{y}=\mathrm{i}\,|\,\mathrm{x})}{\partial \mathrm{x}}\,|\,(\mathrm{i}=1,\ 2,\ 3,\ 4) \qquad (6-10)$$

根据表 6 - 6 边际效应估计结果显示，当所有解释变量处于均值时，与生存型受雇相比，人力资本—社会资本匹配性每提高 1 个单位，乡城流动人口选择发展型受雇的概率增加 1.6335；选择发展型自雇的概率增加 0.5408。验证了假说 6.1，即与生存型受雇职业相比，人力资本—社会资本匹配性越高，乡城流动人口选择发展型受雇和发展型自雇职业的可能性更高。在职业类型选择方面，人力资本—社会资本匹配性越高，乡城流动人口选择发展型受雇职业的概率大于选择生存型自雇的概率。

表 6 – 6　　　　　人力资本—社会资本匹配性对乡城流动人口

职业选择的边际效应分析

变量类型	变量名称	发展型受雇 模型 1	生存型自雇 模型 2	发展型自雇 模型 3
		边际效应 （标准误）	边际效应 （标准误）	边际效应 （标准误）
解释变量	人力资本—社会资本匹配性	1. 6335 ** （0. 6755）	0. 9306 （0. 6321）	0. 5408 *** （0. 1662）
	人力资本	0. 6075 ** （0. 3097）	0. 1841 （0. 1613）	0. 0759 ** （0. 0343）
	社会资本	0. 3764 ** （0. 1814）	0. 6906 ** （0. 2494）	0. 2631 ** （0. 1006）
控制变量	已控制			
样本量	2928			

注：括号里的数字为标准误；*、**、***分别表示在 10%、5%、1% 的水平上显著。

其次，当所有解释变量处于均值时，与生存型受雇相比，人力资本每提高 1 个单位，乡城流动人口选择发展型受雇的概率增加 0. 6075；选择生存型自雇的概率增加 0. 1841；选择发展型自雇的概率上升 0. 0759。社会资本每提高 1 个单位，乡城流动人口选择发展型受雇的概率增加 0. 3764；选择生存型自雇的概率增加 0. 6906；选择发展型自雇的概率增加 0. 2631。可以看出，人力资本在乡城流动人口受雇职业选择中发挥着更为重要的作用，社会资本在乡城流动人口自雇职业中发挥着更为重要的作用。验证了假说 6. 2：相较于社会资本，人力资本在乡城流动人口受雇职业选择过程中发挥着更为关键性的作用；相较于人力资本，社会资本在乡城流动人口自雇职业选择过程中发挥着更为关键性的作用。

3. 乡城流动人口职业选择过程中人力资本与社会资本关系分析

通过人力资本—社会资本匹配性对职业选择的多项 logit 模型估计

结果可知，与生存型受雇相比，人力资本—社会资本匹配性对乡城流动人口发展型受雇、生存型自雇及发展型自雇均具有显著正向影响，边际效应估计结果可知，人力资本—社会资本匹配性越高，乡城流动人口选择发展型受雇、发展型自雇的可能性越高。以上分析验证了人力资本—社会资本匹配性与职业选择之间的正向关系，但是，对于人力资本与社会资本不匹配的状态，例如，当乡城流动人口人力资本水平较低而社会资本水平较高时，或者人力资本水平较高而社会资本水平较低时，人力资本与社会资本的匹配状态对乡城流动人口职业选择的影响如何？为此，本章以低—低型人力资本—社会资本作为对照组，进一步分析人力资本—社会资本的组合类型对乡城流动人口职业选择的影响，模型估计结果如表 6-7、表 6-8、表 6-9 所示。

表 6-7 　　　　　低—高型人力资本—社会资本对乡城流动

人口职业选择的影响

变量类型	变量名称	发展型受雇 模型1	生存型自雇 模型2	发展型自雇 模型3
解释变量	低—高型人力资本—社会资本	0.2039 (0.1758)	0.3447*** (0.1334)	0.6234 (0.4554)
控制变量	已控制			
Wald 检验	494.62			
Pseudo R^2	0.2211			
最大似然比	-1345.82			
样本量	1466			

注：括号里的数字为标准误；*、**、*** 分别表示在 10%、5%、1% 的水平上显著。

表 6-7 估计结果显示，对于低—高型人力资本—社会资本而言，与生存型受雇相比，低—高型人力资本—社会资本对生存型自雇具有显著正向影响，且在 1% 的水平上显著。可以看出，对于低人力资本水平

的乡城流动人口而言，根据社会资本的同质性命题（McPherson et al.，2001），其社会网络仍以强关系为主的原始社会资本为主，这类社会资本同质性较强，提供信息较为重复，因而当人力资本水平较低时，社会资本水平的提高无法使得乡城流动人口跨越职业阶层，实现向上的职业流动，因此对于发展型受雇和发展型自雇的影响都不显著。而在职业阶层内部，生存型自雇较生存型受雇相比，具有工作时间灵活自由、不直接受管控、收入较高等特点（李树苗等，2014；朱志胜，2018），由于社会网络规模的扩大和社会信任水平的提高，拥有低—高型人力资本—社会资本的乡城流动人口更倾向于从事生存型自雇职业，实现工作时间灵活自由，因此对生存型自雇具有显著正向影响。说明了对于低人力资本水平的乡城流动人口而言，提高社会资本水平有助于提高其获得生存型自雇职业的概率。

表 6 – 8　　　　　高—低型人力资本—社会资本对乡城流动

人口职业选择的影响

变量类型	变量名称	发展型受雇模型 1	生存型自雇模型 2	发展型自雇模型 3
解释变量	高—低型人力资本—社会资本	0.5109 *** （0.1382）	0.2207 （0.1937）	0.0193 （0.3325）
控制变量	已控制			
Wald 检验	487.97			
Pseudo R²	0.2169			
最大似然比	− 1244.90			
样本量	1326			

注：括号里的数字为标准误；* 、** 、*** 分别表示在10%、5%、1%的水平上显著。

表6 - 8 估计结果显示，对于高—低型人力资本—社会资本而言，与生存型受雇相比，高—低型人力资本—社会资本对发展型受雇具有显

著正向影响，对生存型自雇具有正向影响，对发展型自雇具有正向影响，但是并没有通过显著性检验。高人力资本和低社会资本的组合下，尽管乡城流动人口社会网络水平较低，但是拥有高人力资本的乡城流动人口本身具备通过正式渠道获得职业的能力和资格（吴愈晓，2010），其较高的人力资本水平可以跨越职业阶层，实现向上的职业流动，因此，仍会对其发展型受雇职业的获得具有显著正向影响。

表 6-9 高—高型人力资本—社会资本对乡城流动
人口职业选择的影响

变量类型	变量名称	发展型受雇 模型 1	生存型自雇 模型 2	发展型自雇 模型 3
解释变量	高—高型人力资本—社会资本	0.7702 *** (0.1377)	0.1727 (0.1892)	0.2129 ** (0.1083)
控制变量	已控制			
Wald 检验	928.38			
Pseudo R^2	0.2460			
最大似然比	-1423.07			
样本量	1546			

注：括号里的数字为标准误；＊、＊＊、＊＊＊分别表示在10%、5%、1%的水平上显著。

表 6-9 估计结果显示，对于高—高型人力资本—社会资本而言，与生存型受雇相比，高—高型人力资本—社会资本对发展型受雇、发展型自雇具有显著正向影响，且分别在 1%、5% 的水平上显著。可见，人力资本水平和社会资本水平越高，乡城流动人口自身能力以及获得的信息和资源越多，对发展型受雇和发展型自雇具有显著正向影响。

6.5　异质性分析

上文中考察了人力资本—社会资本匹配性对乡城流动人口职业选择的影响以及当人力资本和社会资本处于不同状态时，人力资本—社会资本匹配类型对乡城流动人口职业选择的影响。然而，对于乡城流动人口群体内部，不同人力资本水平下社会资本对乡城流动人口职业选择的影响如何，不同社会资本水平下人力资本的变化对乡城流动人口职业选择的差异变化怎样。因此，有必要从群体异质性视角，分析人力资本和社会资本对乡城流动人口职业选择的影响机制。

6.5.1　人力资本异质性视角下社会资本对职业选择的影响分析

1. 人力资本异质性视角下社会资本对受雇和自雇职业选择的影响分析

在第4章分析中可以得知，人力资本中位数为0.4315，将中位数以下定义为低人力资本组，将中位数及以上定义为高人力资本组。表6-8为模型估计结果，从表中可以看出，LR、chi 分别在1%的水平上显著，Pseudo R² 值效果良好，说明模型总体拟合效果良好，建立二元 logistic 模型是适当的。对不同人力资本分组下，社会资本对乡城流动人口受雇、自雇职业选择的影响进行分析，按照上文中赋值标准，将受雇赋值为1，自雇赋值为0，估计结果如表6-10所示。

表6-10估计结果显示，在低人力资本组中，社会资本对受雇职业选择具有显著负向影响，且在1%的水平上显著。边际效应估计结果显示，社会资本每提高1个单位，乡城流动人口从事受雇职业的概率下降24.04%，即当乡城流动人口人力资本水平较低时，社会资本越高，越

倾向于从事自雇职业而非受雇职业。一个可能的解释是，由于二元劳动力市场分割现象的存在，人力资本水平较低的乡城流动人口只能在次级劳动力市场寻求进入门槛低、体力劳动为主的职业，此时社会资本水平越高，其可利用的社会资源越多，更倾向于选择自由灵活、收入相对较高的自雇职业。在高人力资本组中，社会资本对受雇职业选择同样具有负向影响，即社会资本水平高时更倾向于选择自雇职业，但是并没有通过显著性检验。

表 6 – 10　　　　　人力资本异质性视角下社会资本对受雇、
自雇职业选择的估计结果

指标	低人力资本组		高人力资本组	
	系数（标准误）	边际效应（标准误）	系数（标准误）	边际效应（标准误）
社会资本	– 2. 2111 *** （0. 6317）	– 0. 2404 *** （0. 0683）	– 0. 8744 （0. 6776）	– 0. 0898 （0. 0692）
控制变量	已控制		已控制	
Wald 检验	391. 25		421. 61	
Pseudo R^2	0. 3912		0. 3874	
最大似然比	– 526. 63		– 525. 36	
样本量	1403		1525	

注：括号里的数字为标准误；＊、＊＊、＊＊＊分别表示在10%、5%、1%的水平上显著。

2. 人力资本异质性视角下社会资本对职业选择的进一步分析

在对受雇、自雇职业影响进行分析的基础上，本章运用 mlogit 模型，进一步分析人力资本异质性视角下，社会资本对受雇与自雇职业内部差异的影响。估计结果如表 6 – 11 所示。

表 6 – 11 估计结果显示，在低人力资本组中，与生存型受雇相比，社会资本对生存型自雇具有显著正向影响，且在 5% 的水平上显著。社

会资本对发展型受雇和发展型自雇具有正向影响，但是没有通过显著性
检验。可以看出，在低人力资本组中，社会资本对于生存型自雇的变化
最为明显，但是对发展型受雇和发展型自雇影响不大，意味着当乡城流
动人口人力资本水平较低时，由于次级劳动力市场中劳资双方信任约束
机制的不完善以及信息资源的缺乏，社会资本的增加可以提高乡城流动
人口获得生存型自雇职业的概率，然而由于此时的社会资本仍以资源信
息较为重复的以亲朋好友为主体的原始型社会资本为主，无法为乡城流
动人口向上的职业流动提供足够的支持，因此职业流动以水平流动为
主，对发展型受雇和发展型自雇职业的影响并不明显。

表 6 – 11　　　　人力资本异质性视角下社会资本对职业选择的
分组回归结果

指标	低人力资本组			高人力资本组		
	发展型受雇	生存型自雇	发展型自雇	发展型受雇	生存型自雇	发展型自雇
社会资本	0.1621 (0.5333)	0.8672 ** (0.4197)	0.2360 (1.1028)	0.5472 ** (0.2672)	0.3894 (0.5457)	0.6738 ** (0.3362)
控制变量	已控制			已控制		
Wald 检验	71.30			212.96		
Pseudo R^2	0.0213			0.0651		
最大似然比	– 1655.37			– 1639.69		
样本量	1403			1525		

注：括号里的数字为标准误；* 、** 、*** 分别表示在 10% 、5% 、1% 的水平上显著。

在高人力资本组中，与生存型受雇相比，社会资本对生存型自雇具
有正向影响，但是没有通过显著性检验。社会资本对发展型受雇和发展
型自雇均具有显著正向影响，且分别在 5% 的水平上显著。可以看出，
在高人力资本组中，社会资本的变化对于乡城流动人口发展型职业选择
的影响更为明显，当乡城流动人口人力资本水平较高时，根据社会关系
同质性命题（McPherson et al.，2001），人们倾向于跟自己比较相似的

人交朋友或发生联系，因而当乡城流动人口人力资本水平较高时，也会拥有较为优质的社会资本，提供更多的异质性信息，同时，具有高人力资本的乡城流动人口本身就具备通过正式渠道求职的能力和生活，会更多依赖人力资本实现与职位的匹配，因此对于高人力资本水平的乡城流动人口，提高其社会资本对其发展型职业选择仍具有重要的促进作用。

为进一步分析人力资本和社会资本组合类型中社会资本的变化对乡城流动人口职业选择的影响，本章在低人力资本组中，将低—低型人力资本—社会资本和低—高型人力资本—社会资本进行对比分析；在高人力资本组中，将高—低型人力资本—社会资本和高—高型人力资本—社会资本进行对比分析。进行分组回归探讨，在低人力资本组中，将低—低型人力资本—社会资本赋值为0，低—高型人力资本—社会资本赋值为1；在高人力资本组中，将高—低型人力资本—社会资本赋值为0，高—高型人力资本—社会资本赋值为1。分别比较人力资本差异视角下不同人力资本—社会资本组合类型对乡城流动人口职业选择的影响。运用 mlogit 模型，估计结果如表6-12所示。

表6-12　人力资本异质性视角下不同人力资本—社会资本组合对职业选择的分组回归结果

指标	低人力资本组			高人力资本组		
	发展型受雇	生存型自雇	发展型自雇	发展型受雇	生存型自雇	发展型自雇
低—高型人力资本—社会资本	0.0962 (0.1735)	0.5517** (0.2612)	0.7776 (0.4762)			
高—高型人力资本—社会资本				0.1762** (0.0831)	-0.1033 (0.5965)	0.0115 (0.2761)
控制变量	已控制			已控制		
样本量	1403			1525		

注：括号里的数字为标准误；*、**、*** 分别表示在10%、5%、1%的水平上显著。

表 6 - 12 显示，在低人力资本组中，与低—低型人力资本—社会资本相比，低—高型人力资本—社会资本对生存型自雇具有显著正向影响，且在 5% 的水平上显著。验证了假说 6.3：与拥有低—低型人力资本—社会资本的乡城流动人口相比，拥有低—高型人力资本—社会资本的乡城流动人口更倾向于选择生存型自雇而非生存型受雇。

在高人力资本组中，与高—低型人力资本—社会资本相比，高—高型人力资本—社会资本对发展型受雇具有显著正向影响，且在 5% 的水平上显著。也就是说，拥有高—高型人力资本—社会资本的乡城流动人口更倾向于从事发展型受雇而非发展型自雇职业。一个可能的原因是，一方面，由于自雇行业风险较大，大多数风险规避或风险中性的乡城流动人口更倾向从事稳定的发展型受雇职业；另一方面，受制于传统文化的影响，社会职业的导向是到大公司或者国有部门任职才是更好的选择，并且父母、同伴等更倾向于鼓励其实现发展型受雇，而非自我雇用（黄志岭，2012；景再方等，2018）。验证了假说 6.4：与拥有高—低型人力资本—社会资本的乡城流动人口相比，拥有高—高型人力资本—社会资本的乡城流动人口更倾向于选择发展型受雇而非发展型自雇。

6.5.2　社会资本异质性视角下人力资本对职业选择的影响分析

1. 社会资本异质性视角下人力资本对受雇、自雇职业选择的影响分析

根据第 4 章分析内容可知，乡城流动人口样本群体中，社会资本中位数为 0.2300，将中位数以下定义为低社会资本组，将中位数及以上定义为高社会资本组。运用二元 logistic 模型，分析在社会资本异质性视角下，分析人力资本对乡城流动人口受雇、自雇职业选择的影响，估计结果如表 6 - 13 所示。可以看出，LR、chi 分别在 1% 的水平上显著，Pseudo R² 值效果良好，说明模型总体拟合效果良好，建立二元 logistic

模型是适当的。

表 6 – 13 估计结果显示，在低社会资本组中，人力资本对受雇职业选择具有正向影响，但是并没有通过显著性检验。在高社会资本组中，人力资本对受雇职业选择具有正向影响，同样没有通过显著性检验。由于受雇、自雇职业内部具有异质性，仅仅从受雇和自雇两方面考虑无法得出精确的结论。

表 6 – 13　　　　社会资本异质性视角下人力资本对受雇、
自雇职业选择的估计结果

指标	低社会资本组		高社会资本组	
	系数 （标准误）	边际效应 （标准误）	系数 （标准误）	边际效应 （标准误）
人力资本	0.1621 (0.7415)	– 0.0166 (0.0763)	0.6977 (0.5620)	0.0762 (0.0615)
控制变量	已控制		已控制	
Wald 检验	343.52		475.31	
Pseudo R^2	0.3694		0.3958	
最大似然比	– 467.04		– 590.99	
样本量	1389		1539	

注：括号里的数字为标准误；＊、＊＊、＊＊＊分别表示在 10%、5%、1% 的水平上显著。

2. 社会资本异质性视角下人力资本对受雇、自雇职业选择的分组回归分析

表 6 – 14 估计结果显示，在低社会资本组中，与生存型受雇相比，人力资本水平的提高对发展型受雇和生存型自雇均具有显著正向影响，且分别在 1%、5% 的水平上显著。在高社会资本组中，人力资本水平的提高对发展型受雇和发展型自雇均具有显著正向影响，均在 1% 的水平上显著。可以看出，在低社会资本组中，人力资本的变化对于发展型

受雇和生存型自雇职业的影响最为明显，人力资本水平的提高会显著提高乡城流动人口从事发展型受雇和生存型自雇的可能性。在高人力资本组中，社会资本的变化对于发展型受雇和发展型自雇的影响最为明显，人力资本水平的提高会显著提高乡城流动人口从事发展型受雇和发展型自雇职业的可能性。人力资本水平的提高可以促进乡城流动人口跨越职业阶层，实现向上的职业流动，因而得出，人力资本在乡城流动人口职业获得中发挥至为关键的作用。

表 6 – 14 人力资本异质性视角下社会资本对职业选择的
分组回归结果

指标	低社会资本组			高社会资本组		
	发展型受雇	生存型自雇	发展型自雇	发展型受雇	生存型自雇	发展型自雇
人力资本	2.4965 *** (0.5434)	1.8162 ** (0.8414)	0.1380 (1.3962)	3.5470 *** (0.4720)	0.6891 (0.6770)	4.2261 *** (1.0381)
控制变量	已控制			已控制		
Wald 检验	502.37			595.89		
Pseudo R^2	0.2200			0.2475		
最大似然比	– 1 220.06			– 1 461.76		
样本量	1389			1539		

注：括号里的数字为标准误；* 、** 、*** 分别表示在 10% 、5% 、1% 的水平上显著。

6.6 本章小结

本章运用 CLDS2014 年、CLDS2016 年混合截面数据，运用多项 logit 模型分析人力资本—社会资本匹配性对乡城流动人口职业选择的影响，并分析在人力资本、社会资本不同组合状态下，人力资本—社会资本组合状况对乡城流动人口职业选择的影响，最后进行异质性分析，主要结论有四点。

第一，当所有解释变量处于均值时，与生存型受雇相比，人力资本—社会资本匹配性每提高 1 个单位，乡城流动人口选择发展型受雇的概率增加 1.6335；选择发展型自雇的概率增加 0.5408。人力资本—社会资本匹配性越高，乡城流动人口越倾向于选择发展型受雇和发展型自雇职业。人力资本每提高 1 个单位，乡城流动人口选择发展型受雇的概率增加 0.6075；选择生存型自雇的概率增加 0.1841；选择发展型自雇的概率增加 0.0759。社会资本每提高 1 个单位，乡城流动人口选择发展型受雇的概率增加 0.3764；选择生存型自雇的概率增加 0.6906；选择发展型自雇的概率增加 0.2631。可以看出，人力资本在乡城流动人口受雇职业选择中发挥着更为重要的作用，社会资本在乡城流动人口自雇职业中发挥着更为重要的作用。

第二，在人力资本和社会资本不同组合状况中，与生存型受雇相比，低—高型人力资本—社会资本对生存型自雇具有显著正向影响。高—低型人力资本—社会资本对发展型受雇具有显著正向影响。高—高型人力资本—社会资本对发展型受雇、发展型自雇具有显著正向影响。人力资本水平和社会资本水平越高，乡城流动人口自身能力以及获得的信息和资源越多，对发展型职业具有显著正向影响。

第三，从人力资本差异性视角来看，在低人力资本组中，社会资本对于生存型自雇的变化最为明显。在高人力资本组中，社会资本的变化对于乡城流动人口发展型受雇职业选择的影响更为明显。在低社会资本组中，人力资本的变化对于发展型受雇和生存型自雇职业的影响最为明显。在高人力资本组中，社会资本的变化对于发展型受雇和发展型自雇的影响最为明显。人力资本水平的提高可以促进乡城流动人口跨越职业阶层，实现向上的职业流动，人力资本在乡城流动人口职业获得中发挥关键的作用。社会资本水平的提高会增加乡城流动人口从事发展型自雇的概率，因此在人力资本处于较高阶段，社会资本在职业选择中同样具有重要意义。

第四，整体而言，在人力资本水平处于较低阶段时，乡城流动人口只能在次级劳动力市场从事生存型受雇和生存型自雇职业，此时社会资本高的乡城流动人口更有机会从事自雇职业，选择机会更多。在人力资本水平处于较高阶段时，乡城流动人口有机会跨越职业阶层，实现向上流动。社会资本水平的提高会增加乡城流动人口从事发展型自雇的概率，因此在人力资本处于较高阶段，社会资本在职业选择中同样具有重要意义。在大众创业、万众创新，鼓励多种就业方式并存的新形势下，提高乡城流动人口社会资本水平无疑会提高其从事自雇职业的概率，保证乡城流动人口实现稳定、充分就业。

第7章

迁移行为在人力资本—社会资本匹配性对职业选择影响中作用机理分析

7.1 引言

改革开放40多年的制度转型和调整为乡城流动人口职业选择提供了行动空间和制度保障。2015年，国务院提出将推动"大众创业、万众创新"作为新常态下我国实现稳定增长、扩大就业、促进社会纵向流动的重大举措。党的十九大报告指出就业是最大的民生，要坚持就业优先战略和积极就业政策，实现更高质量和更充分就业。劳动力迁移和职业流动对于提升个体收入水平、提高资源配置效率、优化收入分配结构具有重要意义（蔡昉，2017）。但在当前阶段，我国乡城流动人口由于自身受教育水平偏低、技能不足，整体就业层次偏低，流动性较强，加之二元劳动力市场分割问题的存在，乡城流动人口在职业选择过程中处于被动地位（宁光杰，2014；陆铭等，2017；王静，2020）。职业选择是乡城流动人口自身能力素质与职业需求特征相符合的结果，提高职业选择能力在很大程度上决定了我国能否顺利推进城镇化战略和跨越中等收入陷阱，对乡城流动人口自身和我国社会经济的发展都具有重大意义。

人力资本和社会资本是影响乡城流动人口职业选择的重要因素，从供求匹配的角度进行分析，提高职业与乡城流动人口自身禀赋的匹配程度是实现比较优势，提高资源利用效率的关键，相关研究结论已在第 6 章得以证实。从外在因素看，迁移行为也会对乡城流动人口职业选择产生影响。例如，在迁移距离方面，乡城流动人口为选择更好的工作机会而进行长距离迁移；在迁移城市规模方面，大城市更高的工资水平和更多的就业机会能够增加乡城流动人口就业概率；在迁移模式方面，举家迁移的乡城流动人口由于可以提供创业支持并分担部分创业风险，从事自雇职业的可能性更高（朱志胜，2019）。因此，本章推测，人力资本—社会资本匹配性对乡城流动人口职业选择的影响可能是直接影响与间接影响的综合结果。

鉴于此，本章将迁移行为引入人力资本—社会资本匹配性与乡城流动人口职业选择关系的研究框架中，试图揭示迁移行为在人力资本—社会资本匹配性影响职业选择中可能存在的作用机制，以期为政府部门制定相关政策，进而提高乡城流动人口个人禀赋与职业匹配程度、优化资源配置提供决策参考。

7.2　理论分析和研究假说

人力资本—社会资本匹配性对乡城流动人口职业选择的影响，不仅包括直接影响，还可能包括间接影响。人力资本—社会资本匹配性还可能通过影响迁移行为这一作用渠道，间接影响乡城流动人口职业选择。根据前面章节分析可知，乡城流动人口人力资本—社会资本匹配程度越高，意味着人力资本和社会资本水平均较高，会对迁移城市规模和迁移模式产生显著正向影响，而对迁移距离的影响并不显著。迁移距离理论认为，长距离迁移往往需要迁入不同的环境，关系难以建立（Tolley，1963；李竞能，2004；杨肖丽和景再方，2010）。相对于短距离迁移，长迁移距离的乡城流动人口由于社会网络资源较少、获取信息机制渠道少、社会信任水平低，其从事自雇职业的可能性也较小。在迁移城市规模方面，大城市具有更强的"厚劳动力市场效应"和"学习效应"（陆铭等，2012），可以提高乡城流动人口从事发展型受雇职业的可能性。在迁移模式方面，对于人力资本水平较低的乡城流动人口而言，举家迁移中家庭成员可以为乡城流动人口在自雇创业的初期提供情感支持和精神慰藉，个体拥有的精神和物质支持越多，越有可能从事自雇经营（朱志胜，2019）。基于此，本章提出假说 7.1 ~ 假说 7.3：

假说 7.1：人力资本—社会资本匹配性会通过影响迁移城市规模，间接影响乡城流动人口职业选择；假说 7.2：人力资本—社会资本匹配性会通过影响迁移模式，间接影响乡城流动人口职业选择；假说 7.3：迁移距离在人力资本—社会资本匹配性对乡城流动人口职业选择的影响中具有调节效应。

7.3 变量选择和模型设定

7.3.1 变量选择

因变量。本章将职业选择作为因变量。具体包括：生存型受雇 =1，发展型受雇 =2，生存型自雇 =3，发展型自雇 =4。

自变量。选取人力资本—社会资本匹配性作为自变量，以人力资本—社会资本匹配指数表示。

中介变量和调节变量。由于影响机制不同，本章以迁移城市规模、迁移模式作为人力资本—社会资本匹配性对乡城流动人口职业选择的中介变量；以迁移模式作为人力资本—社会资本匹配性对乡城流动人口职业选择的调节变量。

控制变量。选择主事者性别、年龄、初次流动职业类型、坚韧意念、坚定信心、家庭人口规模、地区虚拟变量作为控制变量。

全部变量的描述性统计在第 5 章、第 6 章已说明，在此不再赘述。

7.3.2　模型设定

在模型设定方面，本章采用多元线性回归模型和多项 logit 模型分别估计人力资本—社会资本匹配性对乡城流动人口迁移行为和职业选择的影响，具体估计方法在第 5 章、第 6 章部分得以说明，在此无须赘述。本章中主要用到的模型有中介效应模型和调节效应模型，根据温忠麟（2005）等提出的调节效应和中介效应检验程序，若自变量 X 通过影响变量 M 对因变量 Y 起作用，则称 M 在 X 影响 Y 的关系中发挥中介作用。若自变量 X 对变量 M 没有影响，对因变量 Y 具有影响，且对因变量 Y 的影响随变量 M 取值的变化而变化，则称变量 M 在 X 影响 Y 的关系中发挥调节作用。

1. 中介效应模型

国内外学术研究多借鉴巴伦和肯尼（Baron and Kenny，1986）提出的因果逐步回归的检验方法，然而，由于该方法并没有对中介效应的显著性进行检验，存在一定的缺陷（Preacher and Hayes，2004；Hayes，2009；Iacobucc，2012）。赵等（Zhao et al.，2016）推荐用拔靴法（Bootstrap）方法进行中介效应检验，该方法普里彻和海斯（Preacher and

Hayes, 2004）提出，但是，当中介变量为分类变量或者自变量为多水平分类变量时，拔靴法并不能有效检验（Lacobucc, 2012）。因为包含分类变量的 logit 回归模型和线性回归模型并不相同，线性回归模型假定模型是同方差的，而 logit 回归模型是异方差，对此，莱克巴克（Lacobucc, 2012）提出了相应的检验方法：

首先，依次建立如式（7-1）、式（7-2）和式（7-3）的三个回归模型，由于中介变量迁移行为为分类变量，选择 logit 回归模型。

$$Y = cHS + e_1 \tag{7-1}$$

$$Migration_j = aHS + e_2 \tag{7-2}$$

$$Y = c'HS + bMigration_j + e_3 \tag{7-3}$$

其中，Y 表示乡城流动人口职业选择，HS 表示人力资本—社会资本匹配性，$Migration_j$ 为中介变量迁移行为（j = 1，j = 2），分别代表乡城流动人口迁移城市规模和迁移模式。c 为人力资本—社会资本匹配性影响职业选择的总效应，a 为人力资本—社会资本匹配性影响迁移行为的直接效应。c′和 b 分别为人力资本—社会资本匹配性和迁移行为影响乡城流动人口职业选择的直接效应。

其次，用上述回归模型得到的参数，依次根据式（7-4）、式（7-5）、式（7-6）、式（7-7）来计算：

$$Z_a = \frac{\hat{a}}{\hat{S}_a} \tag{7-4}$$

$$Z_b = \frac{\hat{b}}{\hat{S}_b} \tag{7-5}$$

$$Z_{ab} = Z_a \times Z_b \tag{7-6}$$

$$\hat{\sigma}_{Z_{ab}} = \sqrt{Z_a^2 + Z_b^2 + 1} \tag{7-7}$$

参照莱克巴克（Lacobucc, 2012）做法，中介效应大小为 $Z_a \times Z_b$。中介效应的显著性检验即为检验 $Z_a \times Z_b$ 的显著性，检验统计量如式（7-8）所示：

$$Z_{mediation} = \frac{Z_{ab}}{\hat{\sigma}_{z_{ab}}} = \frac{Z_a \times Z_b}{\sqrt{Z_a^2 + Z_b^2 + 1}} \qquad (7-8)$$

当 $Z_{mediation} > 1.96$ 时，则表明中介效应显著。

2. 调节效应模型

借鉴温忠麟等（2005）研究成果，当 X 与 M 均为连续变量时，可采取层次回归分析检验变量 M 对 X 与 Y 之间特定路径关系的调节作用。首先做 Y 对 X 和 M 的回归，得测定系数 R_1^2；其次做 Y 对 X、M 和 XM 的回归得 R_2^2，若 R_2^2 显著高于 R_1^2，则调节效应显著。鉴于在本章中，自变量人力资本—社会资本匹配性为连续型变量，迁移距离作为定序变量间隔较为均匀，可近似看作连续型变量处理（温忠麟等，2005），故采用层次回归模型检验迁移距离在人力资本—社会资本匹配性影响乡城流动人口职业选择中的调节效应。调节变量模型如式（7-9）和式（7-10）所示：

$$Y = a_1 HS + b_1 Migration + c_1 X + \varepsilon_1 \qquad (7-9)$$

$$Y = a_2 HS + b_2 Migration + a_2 b_2 HS \times Migration + c_2 X + \varepsilon_2 \quad (7-10)$$

其中，Y 代表因变量职业选择，HS 代表人力资本—社会资本匹配性，Migration 代表迁移距离，X 为一系列控制变量，包括个体特征变量、家庭特征变量及地区虚拟特征变量。a_1、a_2 代表人力资本—社会资本匹配性的系数，b_1、b_2 为迁移距离的系数，c_1、c_2 为控制变量的系数，ε_1、ε_2 分别代表残差项。

7.4　实证分析

人力资本—社会资本匹配性对乡城流动人口迁移行为、职业选择的影响分别在第 5 章、第 6 章节内容中得以证实，第 5 章估计结果可知，人力资本—社会资本匹配性对乡城流动人口迁移城市规模、迁移模式具有显著正向影响，即随着人力资本—社会资本匹配程度的提高，乡城流动人口更倾向于迁移至规模更大的城市、更倾向于举家迁移。人力资本—社会资本匹配性对迁移距离具有正向影响，但是没有通过显著性检验。可见，就整体而言，人力资本—社会资本匹配性对乡城流动人口迁移行为产生了积极影响。在第6章中，人力资本—社会资本匹配性对乡城流动人口发展型受雇和发展型自雇职业的获得具有显著正向影响。为了验证人力资本—社会资本匹配性是否会通过迁移城市规模、迁移模式间接影响乡城流动人口职业选择，以及迁移距离在人力资本—社会资本匹配性对乡城流动人口职业选择的影响中是否具有调节作用，本章运用中介效应模型、调节效应模型进行实证检验。

7.4.1 迁移城市规模、迁移模式的中介效应分析

1. 迁移城市规模的中介效应分析

表7-1和表7-2分别分析了迁移城市规模、迁移模式在人力资本—社会资本匹配性对乡城流动人口职业选择过程中的中介效应，模型1为人力资本—社会资本匹配性对迁移城市规模的影响，根据回归结果可以看出，人力资本—社会资本匹配性对乡城流动人口迁移城市规模具有显著正向影响，乡城流动人口人力资本和社会资本匹配程度越高，迁移至更高规模城市的可能性越高。

模型2为迁移城市规模在人力资本—社会资本匹配性对乡城流动人口职业选择过程中的作用机制分析，根据回归结果可以看出，在加入迁移城市规模这一中介变量后，人力资本—社会资本匹配性对发展型受雇和发展型自雇仍具有显著的正向影响，迁移城市规模对发展型受雇和发展型自雇具有显著正向影响。根据式（7-4）~式（7-8）可以得出，迁移城市规模在人力资本—社会资本匹配性对发展型受雇中存在中介效

应①，即人力资本—社会资本匹配性会通过影响乡城流动人口迁移城市规模，进而影响其发展型受雇职业选择。

表7－1　迁移城市规模在人力资本—社会资本匹配性对乡城流动
人口职业选择中作用机制分析

指标	模型1	模型2		
	迁移城市规模	发展型受雇	生存型自雇	发展型自雇
人力资本—社会资本匹配性	2.5312 ** (1.0134)	5.5147 ** (2.1423)	0.7344 (4.4139)	22.4643 *** (6.0904)
迁移城市规模		0.1413 *** (0.0407)	0.0183 (0.0532)	0.1749 * (0.1030)
人力资本	0.7671 ** (0.3373)	1.6714 * (0.8620)	1.2135 (1.2613)	4.0071 ** (1.8509)
社会资本	0.3327 (0.3879)	1.1033 (0.0758)	2.5093 ** (1.2799)	5.5115 ** (2.4711)
控制变量	已控制	已控制	已控制	已控制
F 值	122.76			
R²	0.3016			
Wald 检验	1065.02			
Pseudo R²	0.2350			
最大似然比	−2697.85			

注：括号里的数字为标准误；＊、＊＊、＊＊＊分别表示在10％、5％、1％的水平上显著。

---

①　计算方法如下：第一步计算自变量人力资本—社会资本匹配性对迁移城市规模的 t 值，记为 Z_a，得出 $Z_a = \dfrac{2.5312}{1.0134} = 2.4977$；第二步计算中介变量迁移城市规模对因变量职业选择中发展型受雇的 z 值，记为 Z_{b1}，得出 $Z_{b1} = \dfrac{0.1413}{0.0407} = 3.4717$；第三步计算 $Z_{a \times b1} = Z_a \times Z_{b1} = 2.4977 \times 3.4717 = 8.6715$；第四步计算 $\hat{\sigma}_{Z_{ab1}} = \sqrt{Z_a^2 + Z_{b1}^2} = 4.3923$；第五步计算中介效应值 $Z = \dfrac{Z_{a \times b1}}{\hat{\sigma}_{Z_{ab1}}} = \dfrac{8.6715}{4.3923} = 1.9743 > 1.96$。

迁移城市规模在发展型自雇中介效应计算方法相同，没有通过显著性检验，不再赘述。

表7-2　　　迁移模式在人力资本—社会资本匹配性对乡城流动

人口职业选择中作用机制分析

指标	模型 3	模型 4		
	迁移模式	发展型受雇	生存型自雇	发展型自雇
人力资本—社会资本匹配性	2. 3927 *** (0. 7583)	5. 9714 * (3. 3592)	0. 2801 (4. 4308)	23. 6034 *** (5. 9939)
迁移模式		0. 1565 ** (0. 0707)	0. 2043 ** (0. 0839)	0. 2920 ** (0. 1131)
人力资本	1. 3047 *** (0. 2785)	1. 8097 ** (0. 8613)	1. 3866 (1. 2658)	3. 7529 ** (1. 8229)
社会资本	0. 4900 ** (0. 2420)	0. 1474 (1. 0223)	2. 8305 ** (1. 2953)	5. 1835 ** (2. 4279)
控制变量	已控制	已控制	已控制	已控制
F 值	72. 72			
R^2	0. 2129			
Wald 检验	1057. 07			
Pseudo R^2	0. 2359			
最大似然比	- 2694. 64			

注：括号里的数字为标准误；＊、＊＊、＊＊＊分别表示在10%、5%、1%的水平上显著。

2. 迁移模式的中介效应分析

表7-2分析了迁移模式在人力资本—社会资本匹配性对乡城流动人口职业选择过程中的中介效应，模型3为人力资本—社会资本匹配性对迁移模式的影响，根据回归结果可以看出，人力资本—社会资本匹配性对乡城流动人口迁移模式具有显著正向影响，乡城流动人口人力资本和社会资本匹配程度越高，举家迁移的可能性越高。

模型4为迁移模式在人力资本—社会资本匹配性对乡城流动人口职业选择过程中的作用机制分析，根据回归结果可以看出，在加入迁移模式这一中介变量后，人力资本—社会资本匹配性对发展型受雇和发展型自雇仍具有显著的正向影响，迁移模式对发展型受雇和发展型自雇具有显著正向影响。根据式（7-4）~式（7-8）可以得出，迁移模式在人力资本—社会资本匹配性对发展型自雇中存在中介效应①，即人力资本—社会资本匹配性会通过影响乡城流动人口迁移模式，进而影响其发展型自雇职业选择。

3. 迁移城市规模和迁移模式的中介效用解释

在迁移行为方面，中介效应结果显示，人力资本—社会资本匹配性对乡城流动人口职业选择的影响，可以通过"人力资本—社会资本匹配性—迁移城市规模—职业选择""人力资本—社会资本匹配性—迁移模式—职业选择"这一路径实现，人力资本—社会资本匹配性正向影响乡城流动人口迁移城市规模、迁移模式，进而影响其职业选择。对此的解释是，城市规模越大，就业机会越多，工资溢价现象更为明显，个人能力越能够得以充分体现，因此，具有高人力资本的乡城流动人口更倾向于迁移至更高规模的城市；人力资本水平越高，在城镇谋生能力越强，进而举家迁移的可能性越大。社会资本可以有效降低乡城流动人口在迁

---

① 计算方法如下所述：第一步计算自变量人力资本—社会资本匹配性对迁移城市规模的 t 值，记为 Z_a，得出 $Z_a = \frac{2.3927}{0.7283} = 3.2853$；第二步计算中介变量迁移模式对因变量职业选择中发展型受雇的 z 值，记为 Z_{b1}，得出 $Z_{b1} = \frac{0.1565}{0.0707} = 2.2135$；迁移模式对因变量职业选择中生存型自雇的 z 值，记为 Z_{b2}，得出 $Z_{b2} = \frac{0.2043}{0.0839} = 2.4350$；迁移模式对因变量职业选择中发展型自雇的 z 值，记为 Z_{b3}，得出 $Z_{b3} = \frac{0.2920}{0.1121} = 2.5817$；第三步计算 $Z_{a \times b1} = Z_a \times Z_{b1} = 3.2853 \times 2.2135 = 7.2723$；$Z_{a \times b2} = Z_a \times Z_{b2} = 3.2853 \times 2.4350 = 7.9998$；$Z_{a \times b1} = Z_a \times Z_{b1} = 3.2853 \times 2.5717 = 8.4820$；第四步计算 $\hat{\sigma}_{Zab1} = \sqrt{Z_a^2 + Z_{b1}^2 + 1} = 4.0857$；$\hat{\sigma}_{Zab1} = \sqrt{Z_a^2 + Z_{b1}^2 + 1} = 4.2098$；$\hat{\sigma}_{Zab1} = \sqrt{Z_a^2 + Z_{b1}^2 + 1} = 4.2964$；第五步计算中介效应值 $Z = \frac{Z_{a \times b1}}{\hat{\sigma}_{Zab1}} = \frac{7.2723}{4.0857} = 1.7799 < 1.96$；$Z = \frac{Z_{a \times b2}}{\hat{\sigma}_{Zab2}} = \frac{7.9998}{4.2098} = 1.9003 < 1.96$；$Z = \frac{Z_{a \times b3}}{\hat{\sigma}_{Zab3}} = \frac{8.4820}{4.2964} = 1.9742 > 1.96$。

由此可以得出，迁移模式在人力资本—社会资本匹配性对发展型自雇中存在中介效应。

移过程中所产生的心理成本和各种风险，有利于乡城流动人口融入流入地。因此，人力资本—社会资本匹配程度越高，乡城流动人口迁移至更大规模城市的可能性越高，举家迁移的可能性越高。由于大城市具有更强的"厚劳动力市场效应"和"学习效应"（陆铭等，2012），就业机会多，集聚效应和规模效应明显，乡城流动人口可以通过接受再教育、技术培训、经验积累、"干中学"等途径获得与大城市劳动力市场需求相匹配的人力资本和社会资本，进而跨越职业阶层，实现职业的向上流动。此外，大城市由于资源多、可以接触到行业最新动态，可以提高乡城流动人口从事发展型受雇职业的可能性。在迁移模式方面，举家迁移可以为乡城流动人口在创业初期提供情感支持和精神慰藉，个体拥有的精神和物质支持越多，越有可能从事自雇经营（朱志胜，2019）。至此，假说7.1和假说7.2得以证明，人力资本—社会资本匹配性会通过影响迁移城市规模，间接影响乡城流动人口职业选择；人力资本—社会资本匹配性会通过影响迁移模式，间接影响乡城流动人口职业选择。

7.4.2　迁移距离的调节效应分析

在表7-3中，在没有加入人力资本—社会资本匹配性与迁移距离交互项时，与生存型受雇相比，人力资本—社会资本匹配性对发展型受雇、生存型自雇、发展型自雇均具有正向影响。迁移距离对发展型受雇具有正向影响，对生存型自雇和发展型自雇具有负向影响。在加入人力资本—社会资本匹配性与迁移距离交互项后，如表7-4所示，交互项对发展型受雇、生存型自雇和发展型自雇均具有负向影响，且对生存型自雇和发展型自雇具有显著负向影响。根据温忠麟等（2005）对调节效应的定义，人力资本—社会资本匹配性对发展型自雇职业选择具有显著正向影响，加入迁移距离后，人力资本—社会资本匹配性与迁移距离交互项对发展型自雇职业选择具有显著负向影响，说明迁移距离在人力资本—社会资本匹配性对乡城流动人口发展型自雇职业选择中具有调节效应。随着迁移距离的增加，人力资本—社会资本匹配性对发展型自雇的影响降低，即迁移距离减弱了人力资本—社会资本匹配性对发展型自雇的正向影响。一个可能的解释是，由于长距离迁移很可能会迁入不同的环境，使得乡城流动人口对流入地的认同感和归属感不高，再加上社会网络资源少、获取信息渠道较少，使得乡城流动人口从事发展型自雇的可能性降低。验证了假说7.3：迁移距离在人力资本—社会资本匹配性对乡城流动人口职业选择的影响中具有调节效应。

表7-3 未加入交互项时模型估计结果

指标	发展型受雇	生存型自雇	发展型自雇
人力资本—社会资本匹配性	7.3962 ** (3.3885)	1.5288 (3.8919)	22.1485 *** (6.3475)
迁移距离	0.0827 (0.0621)	− 0.0315 (0.0831)	− 0.1027 (0.1463)
人力资本	2.1976 ** (0.8705)	2.1209 * (1.1285)	1.4569 (1.6982)
社会资本	2.0741 (1.5955)	2.9959 * (1.7661)	9.7083 ** (3.7323)
控制变量	已控制		
Wald 检验	1074.99		
Pseudo R^2	0.2402		
最大似然比	− 2671.45		

注：括号里的数字为标准误；*、**、*** 分别表示在10%、5%、1%的水平上显著。

表7-4分析了迁移距离在人力资本—社会资本匹配性对乡城流动人口职业选择过程中的调节效应，模型估计结果显示，与生存型受雇相比，人力资本—社会资本匹配性与迁移距离交互项对发展型受雇、生存

型自雇和发展型自雇均具有负向影响，且对生存型自雇和发展型自雇具有显著负向影响，分别在5%、10%的水平上显著。表7-4中，包含人力资本—社会资本匹配性与迁移距离交互项的方程中拟 R_2^2 值为0.2617，表7-3中不包含人力资本—社会资本匹配性与迁移距离交互项的方程中拟 R_1^2 值为0.2402，R_2^2 显著高于 R_1^2，由于人力资本—社会资本匹配性对发展型自雇具有显著正向影响，加入迁移距离后，人力资本—社会资本匹配性与迁移距离交互项对发展型自雇影响显著为负，说明迁移距离在人力资本—社会资本匹配性对乡城流动人口发展型自雇职业选择的影响中发挥负向调节作用。

表7-4 加入交互项后模型估计结果

指标	发展型受雇	生存型自雇	发展型自雇
人力资本—社会资本匹配性 ×迁移距离	-1.3893 (0.8705)	-2.3845 ** (1.0711)	-1.5747 * (0.8509)
人力资本—社会资本匹配性	10.3433 ** (4.0503)	3.0638 (4.4931)	25.9859 ** (7.3317)
迁移距离	0.2323 ** (0.1185)	-0.2362 ** (0.1134)	-0.0653 (0.2564)
人力资本	2.0759 ** (0.8810)	2.0345 * (1.1391)	2.7083 ** (1.1182)
社会资本	2.3253 (1.6237)	2.7596 * (1.5878)	
控制变量	已控制		
Wald 检验	1078.57		
Pseudo R²	0.2407		
最大似然比	-2669.16		

注：括号里的数字为标准误；*、**、***分别表示在10%、5%、1%的水平上显著。

7.5　本章小结

本章节运用调节效应模型、中介效应模型分析了迁移行为在人力资本—社会资本匹配性对职业选择中的作用机制，得出以下两个结论。

（1）迁移城市规模在人力资本—社会资本匹配性对发展型受雇中存在中介效应，即人力资本—社会资本匹配性会通过影响乡城流动人口迁移城市规模，进而影响其发展型受雇职业选择。迁移模式在人力资本—社会资本匹配性对发展型自雇中存在中介效应，即人力资本—社会资本匹配性会通过影响乡城流动人口迁移模式，进而影响其发展型自雇职业选择。人力资本—社会资本匹配性对乡城流动人口职业选择的影响，可以通过"人力资本—社会资本匹配性—迁移城市规模—职业选择""人力资本—社会资本匹配性—迁移模式—职业选择"这一路径实现，人力资本—社会资本匹配性正向影响乡城流动人口迁移城市规模、迁移模式，进而影响其职业选择。

（2）迁移距离在人力资本—社会资本匹配性对乡城流动人口发展型自雇职业选择中具有负向调节效应。由于长距离迁移很可能会迁入不同的环境，使得乡城流动人口对流入地的认同感和归属感不高，再加上社会网络资源少、获取信息机制渠道较少，使得乡城流动人口从事发展型自雇的可能性降低。

第8章

结论与政策建议

8.1 主要研究结论

本书依据人力资本理论、社会资本理论、经典劳动力迁移理论、计划行为理论、理性选择理论、工作搜寻理论、职业匹配理论及劳动力市场分割理论等多种理论的指导，基于中山大学"中国劳动力动态调查数据"（CLDS2014 年、CLDS2016 年）中 69 个城市 2 928 个混合截面样本，引入乡城流动人口人力资本—社会资本匹配性的核心变量，在阐明人力资本—社会资本匹配性对乡城流动人口迁移行为及职业选择影响机理的基础上，分析迁移行为在人力资本—社会资本匹配性对职业选择的作用机制。通过多种计量模型与分析方法进行实证分析，进而提出促进乡城流动人口迁移及提升职业选择路径的建议。

8.1.1 乡城流动人口迁移阶段特征分析

乡城流动人口迁移历程从改革开放前与改革开放后两个时间段进行

了回顾。改革开放前人口迁移历程分为两个阶段：1949～1952 年，自发性迁移占据主流地位；1953～1977 年，严格管控，限制流动阶段。改革开放以来的人口迁移历程表现为四个阶段：1978～1983 年，改革开放初期，就地转移初期阶段；1984～1991 年，就地转移为主，人口流动缓慢发展阶段；1992～2000 年，由就地转移向异地转移转变；2001～2011 年，保障劳动力异地转移。2012 年至今，多元推动农村劳动力转移。

基于宏观视角的乡城流动人口迁移现状分析发现，乡城流动人口规模整体提升，人口流动向东部沿海地区集聚。人口流动以省内流动为主，区域之间差异明显。乡城流动人口迁移模式以迁移为主，更倾向于定居中小城市。

8.1.2　乡城流动人口人力资本—社会资本匹配性特征分析

乡城流动人口样本群体人力资本整体水平较低，在受教育程度、技能方面均存在较大提升空间；社会网络规模偏小，社会信任水平偏低。整体来看，人力资本水平越高的乡城流动人口更倾向于选择长距离迁移、更倾向于向规模更大的城市迁移、更倾向于选择举家迁移；短距离迁移、迁移至中小城市、举家迁移的乡城流动人口社会资本指数更高。

对市内迁移和省内跨市迁移而言，低—低型人力资本—社会资本样本群体和低—高型人力资本—社会资本样本群体所占比重最大，对省际迁移而言，高—高型人力资本—社会资本样本群体所占比重最大；对迁移城市规模而言，高—高型人力资本—社会资本样本群体迁移至大城市和特大城市所占比重最大，低—低型人力资本—社会资本样本群体迁移至小城镇和中小城市所占比重最大；对迁移模式而言，举家迁移的乡城流动人口中，高—高型人力资本—社会资本样本群体的比例最大，低—低型人力资本—社会资本样本群体所占比例最小。

对于生存型受雇，低—低型人力资本—社会资本样本群体所占比重最大；对于发展型受雇，发展型受雇职业往往需要较多的专业知识和职业技能以及较高的社会资本来建立和维护各种社会网络，因而高—高型人力资本—社会资本样本群体所占比重最大；对于生存型自雇，低—高型人力资本—社会资本样本群体所占比重最大，拥有较高社会资本水平的乡城流动人口更倾向于选择工作时间灵活自由、需要社会网络支持的生存型自雇职业；对于发展型自雇，不仅需要更高的社会资本，也需要更高的人力资本，高—高型人力资本—社会资本样本群体所占比重最大。

8.1.3 人力资本—社会资本匹配性对乡城流动人口迁移行为的影响分析

第一，人力资本—社会资本匹配性对乡城流动人口迁移行为具有正向影响，对迁移城市规模和迁移模式具有显著正向影响，且分别在10%、5%的水平上显著。人力资本和社会资本匹配程度越高，乡城流动人口迁移至更高规模城市的可能性越高，举家迁移的可能性越高。

第二，与低—低型人力资本—社会资本相比，低—高型人力资本—社会资本对迁移行为具有正向影响，但是没有通过显著性检验；高—低型人力资本—社会资本、高—高型人力资本—社会资本对迁移行为具有显著正向影响，且高—高型人力资本—社会资本对迁移行为的估计系数显著大于高—低型人力资本—社会资本对迁移行为的估计系数。在人力资本处于较低水平时，无论社会资本水平高低，都不会对迁移行为产生决定性影响；在人力资本处于较高水平时，无论社会资本水平高低，都会对迁移行为产生正向影响。社会资本效用的发挥需要借助人力资本才能实现。当人力资本水平较低时，乡城流动人口社会资本结构单一，同质性较强，单靠社会网络规模的扩大不会对迁移决策带来决定性影响；当人力资本水平较高时，乡城流动人口社会资本中异质性资源增加，通过社会网络触及的顶端资源更多，会对迁移决策带来决定性影响。因而在乡城流动人口迁移行为过程中，人力资本发挥更为重要的作用。

第三，与低—高型人力资本—社会资本相比，高—低型人力资本—社会资本对乡城流动人口迁移行为具有显著正向影响，且分别在 5%、5%、1%的水平上显著。对比估计结果系数可知，对迁移模式的影响最为显著，与拥有低—高型人力资本—社会资本的乡城流动人口相比，拥有高—低型人力资本—社会资本的乡城流动人口举家迁移的可能性提高了 25.77%。

第四，分组回归结果显示，在低人力资本组中，社会资本的变动对迁移距离、迁移城市规模和迁移模式均具有正向影响，但是没有通过显著性检验。在高人力资本组中，社会资本的变动对乡城流动人口迁移行为具有显著正向影响，且分别在 5%、5%、1%的水平上显著。无论在低社会资本组还是高社会资本组中，人力资本的变动对迁移距离、迁移城市规模和迁移模式均具有显著正向影响。由此看出，人力资本在乡城流动人口迁移行为中发挥着决定性作用。在年龄的调节作用下，低年龄组的乡城流动人口人力资本—社会资本匹配性越高，进行长距离迁移以及迁移至更高规模城市的可能性越高。年龄在人力资本—社会资本匹配性对迁移模式中调节效应并不显著，意味着无论是低年龄组还是高年龄组乡城流动人口，迁移模式对年龄的变化并不敏感。

8.1.4　人力资本—社会资本匹配性对乡城流动人口职业选择的影响分析

第一，当所有解释变量处于均值时，与生存型受雇相比，人力资本—社会资本匹配性每提高 1 个单位，乡城流动人口选择发展型受雇的概率增加 2.3594；选择发展型自雇的概率增加 0.5408。人力资本—社会资本匹配性越高，乡城流动人口越倾向于选择发展型受雇和发展型自雇职业。人力资本每提高 1 个单位，乡城流动人口选择发展型受雇的概率增加 0.6075；选择生存型自雇的概率增加 0.1841；选择发展型自雇的概率增加 0.0759。社会资本每提高 1 个单位，乡城流动人口选择发展型受雇的概率增加 0.3764；选择生存型自雇的概率增加 0.6906；选择发展型自雇的概率增加 0.2631。可以看出，人力资本在乡城流动人口受雇职业选择中发挥着更为重要的作用，社会资本在乡城流动人口自雇职业中发挥着更为重要的作用。

第二，在人力资本和社会资本不同组合状况中，与生存型受雇相比，低—高型人力资本—社会资本对生存型自雇具有显著正向影响。高—低型人力资本—社会资本对发展型受雇具有显著正向影响。高—高型人力资本—社会资本对发展型受雇、发展型自雇具有显著正向影响。人力资本水平和社会资本水平越高，乡城流动人口自身能力以及获得的信息和资源越多，对发展型职业具有显著正向影响。

第三，在人力资本差异性视角方面，在低人力资本组中，社会资本对于生存型自雇的变化最为明显。在高人力资本组中，社会资本的变化对于乡城流动人口发展型受雇职业选择的影响更为明显。在低社会资本组中，人力资本的变化对于发展型受雇和生存型自雇职业的影响最为明显。在高人力资本组中，社会资本的变化对于发展型受雇和发展型自雇的影响最为明显。人力资本水平的提高可以促进乡城流动人口跨越职业阶层，实现向上的职业流动，人力资本在乡城流动人口职业获得中发挥至为关键的作用。社会资本水平的提高会增加乡城流动人口从事发展型自雇的概率，因此在人力资本处于较高阶段，社会资本在职业选择中同样具有重要意义。

第四，整体而言，在人力资本水平处于较低阶段时，乡城流动人口只能在次级劳动力市场从事生存型受雇和生存型自雇职业，此时社会资本高的乡城流动人口更有机会从事自雇职业，选择机会更多。在人力资本水平处于较高阶段时，乡城流动人口有机会跨越职业阶层，实现向上流动。社会资本水平的提高会增加乡城流动人口从事发展型自雇的概率，因此在人力资本处于较高阶段，社会资本在职业选择中同样具有重要意义。在"大众创业，万众创新"，鼓励多种就业方式并存的新形势下，提高乡城流动人口社会资本水平无疑会提高其从事自雇职业的概率，保证乡城流动人口实现稳定、充分就业。

8.1.5　迁移行为在人力资本—社会资本匹配性对职业选择影响中作用机制分析

第一，迁移城市规模在人力资本—社会资本匹配性对发展型受雇中存在中介效应，即人力资本—社会资本匹配性会通过影响乡城流动人口迁移城市规模，进而影响其发展型受雇职业选择。迁移模式在人力资本—社会资本匹配性对发展型自雇中存在中介效应，即人力资本—社会资本匹配性会通过影响乡城流动人口迁移模式，进而影响其发展型自雇职业选择。人力资本—社会资本匹配性对乡城流动人口职业选择的影响，可以通过"人力资本—社会资本匹配性—迁移城市规模—职业选择""人力资本—社会资本匹配性—迁移模式—职业选择"这一路径实现，人力资本—社会资本匹配性正向影响乡城流动人口迁移城市规模、迁移模式，进而影响其职业选择。

第二，迁移距离在人力资本—社会资本匹配性对乡城流动人口发展型自雇职业选择中具有调节效应。由于长距离迁移很可能会迁入不同的环境，使得乡城流动人口对流入地的认同感和归属感不高，再加上社会网络资源少、获取信息机制渠道较少，使得乡城流动人口从事发展型自雇的可能性降低。

8.2　研究启示与政策建议

8.2.1　注重城镇化发展的可持续性，合理配置生产要素在城乡之间流动

地方政府应注重城镇化的可持续性，对于城镇发展而言，应当充分

结合自身城市的产业结构和实际情况来制定吸引人才的政策，根据城市规模做好产业发展定位和就业方向定位，应当根据自身特色发展适合自己的产业并形成集聚效应，提高乡城流动人口禀赋水平与职业的匹配程度。对于乡村建设而言，产业转移、城乡互动以及乡村振兴战略的实施为城乡回流人口在乡村就业创造了良好的机会，应当优化创业环境，鼓励返乡人口再就业。对于城镇化整体发展而言，应当持续深化市场化改革，推动各种生产要素在城乡之间合理有序配置，促进城乡融合高质量发展。

8.2.2　发挥各方作用，提升乡城流动人口人力资本水平，实现从生存型职业选择向发展型职业选择的转变

乡城流动人口职业类型很大程度上由其人力资本水平决定，人力资本水平越高，意味着乡城流动人口从事发展型职业的可能性较大。因此，提高乡城流动人口人力资本水平至关重要，应当从地方政府、单位、个人自身状况三个方面考虑，切实提高乡城流动人口人力资本水平。对于流入地政府而言，应该提高对乡城流动人口职业技能培训的经费支出，依托当地技工院校、技能培训基地等平台，对乡城流动人口开展专项技能培训，提高其职业选择能力。此外，应当增强公共服务水平，保障乡城流动人口在就业、社会保障方面享有应有的权利。对于用人单位而言，要重视对乡城流动人口的教育和职业培训力度，在增加企业附加值的同时，提高乡城流动人口收入水平。对于乡城流动人口自身而言，应当积极转变生存和发展思维，通过接受再教育、职业技能培训及干中学，积累在流入地的人力资本水平，逐步增强自身职业选择能力。

8.2.3　积极构建次级关系网络，逐步引导乡城流动人口理性择业

社会资本有助于解决劳动力市场中的信息不对称问题，促进信息流

动，帮助个人获得就业的信息和机会。因此，重构与拓展社会资本是引导乡城流动人口理性择业的关键。应当积极维护和建立乡城流动人口社会支持网络，一方面，应当维护乡城流动人口在流出地的社会网络，尤其是正式组织中的社会支持网，如输出地的基层政府和党团组织，与乡城流动人口保持联系，关注他们在流入地的工作和生活，保证他们在家乡应该享有的基本权益；另一方面，也应当充分利用工会等非政府组织较为完善的网络体系，通过各种宣传工具，引导广大市民理解和尊重乡城流动人口，促进其与城市居民之间的良性互动，拓展乡城流动人口在城镇的新型社会网络，增强在城市获取资源的能力，从而实现顺利就业。

8.2.4 完善城市就业市场和就业信息服务体系，切实保障乡城流动人口基本权益

建立城乡统一的劳动力就业市场是乡城流动人口城市就业能力提升和职业发展的重要保证，打破阻碍乡城流动人口城镇就业的制度枷锁，采用市场主导的资源配置方式，形成双向选择的乡城流动人口就业机制，实现"同城同权""同工同酬"，保障乡城流动人口合法权益得以实现。在改革户籍制度和建立统一、开放、有序、竞争、一体化的劳动力市场的背景下，政府应当积极建立健全城乡统筹安排的就业制度，打破城乡就业在制度上、政策上的界限。为此，应当从以下几个方面着手：一是要打破劳动力市场的二元格局，政府部门简化对乡城流动人口就业的行政审批程序，冲破户籍制度壁垒，使乡城流动人口在劳动力市场中公平参与竞争，自由流动；二是完善乡城流动人口就业的组织化程度，完善最低工资制度、劳动合同制度等；三是加强对劳动力市场的监督和管理，从宏观层面对劳动力市场进行调控，建立健全相应的劳动力市场准则和法规，切实保障乡城流动人口自主择业的权利，在城镇中获得更多就业机会。

8.3 研究不足与展望

8.3.1 研究不足

本书从人力资本和社会资本视角出发，基于人力资本理论、社会资本理论、人口迁移理论、计划行为理论、理性选择理论、工作搜寻理论、职业匹配理论、劳动力市场分割理论等相关理论，从人力资本—社会资本匹配性视角，构建"人力资本—社会资本匹配性—迁移行为—职业选择"的逻辑框架，实证分析了人力资本—社会资本匹配性对乡城流动人口迁移行为和职业选择的影响机理，具有较强的理论意义与现实意义。然而，本书仍然存在一些不足，有待于进一步的研究。

第一，研究数据方面，限于数据的可获得性，本书采用混合截面数据进行相关分析，然而混合截面数据难以反映乡城流动人口迁移行为及职业选择的动态变化过程。由于乡城流动人口迁移及职业选择行为决策是一个长期变化过程，混合截面数据限制了对其动态行为变化过程的理解。未来研究中应当注重收集动态监测数据，运用面板数据对乡城流动人口行为决策进行分析。

第二，本书将迁移行为分为迁移距离、迁移城市规模、迁移模式三种类型，较好地概括了乡城流动人口迁移行为，然而，限于数据的可获得性，缺乏对于家庭成员之间迁移时间间隔方面的探讨，缺乏事件史的分析。这限制了对于乡城流动人口迁移行为的进一步研究。未来研究中可以进一步针对自调研问卷进行设计、调整，做出更为合理的分析。

8.3.2　研究展望

乡城流动人口迁移及职业选择问题已成为我国新型城镇化研究的热点问题，随着新型城镇化战略的逐步推进和乡村振兴战略的提出，在未来，乡城流动人口家庭整体迁移已成为大势所趋。研究乡城流动人口迁移之后的职业选择状况、就业质量及福利问题将是下一步研究的重点。

附录

组合权重法的确定及分析过程

权重的确定在乡城流动人口人力资本和社会资本水平评估中占有非常重要的地位，权重大小对于乡城流动人口人力资本和社会资本评估结果十分重要。本书运用层次分析法和熵权法对其人力资本和社会资本水平进行评估，并运用组合赋权法求其各指标组合权重。在层次分析法权重确定过程中，邀请南开大学、中国人民大学、中国农业大学、西北农林科技大学等高校8位相关领域科研人员对乡城流动人口人力资本和社会资本指标进行评价，将评价结果纳入各个指标之中，评价矩阵判断结果一致性，最后计算各项指标权重。熵权法权重计算过程中，所获信息多少是评价精度的重要因素，指标所提供的信息量越大，那么指标的信息熵越小，其权重水平也越高。据此来评判乡城流动人口人力资本和社会资本客观权重。乡城流动人口人力资本与社会资本评价指标体系如附表1所示。

附表1　　　　乡城流动人口人力资本与社会资本评价指标体系

目标层	指标层
人力资本	受教育年限
	技能证书数量
	自评健康
社会资本	社会网络规模
	人情往来支出占比
	与周围人信任程度

1. 层次分析法权重确定及分析过程

相关专家依据乡城流动人口人力资本和社会资本各指标重要程度进行打分，最终实际得分为各个专家得分平均值，首先，根据层次分析法中等级标度表，对人力资本中受教育年限、技能证书数量和自评健康以及社会资本中社会网络规模、人情往来支出占比和与周围人信任程度进行两两因素的重要性比较。其判断准则如附表2所示。

附表2　　　　　　　　　　层次分析法等级标度法

等级标度	判断准则
1	表示元素 i 与元素 j 同样重要
3	表示元素 i 比元素 j 稍微重要
5	表示元素 i 比元素 j 较强重要
7	表示元素 i 比元素 j 强烈重要
9	表示元素 i 比元素 j 绝对重要
2，4，6，8	两相邻判断的中间值
倒数	比较元素 j 与元素 i 时，采用倒数

其次，得出各层次矩阵及其对应的特征向量，确定人力资本和社会资本中各项指标在评价指标体系中的权重。根据专家打分结果确定的乡城流动人口人力资本和社会资本各评价指标初始判断矩阵，并进行权重计算，计算过程及权重结果如附表3和附表4所示。

附表3　　　　　　人力资本各项指标对于人力资本的初始判断矩阵

人力资本	受教育年限	技能证书数量	自评健康	按行相乘	开3次方	W权重
受教育年限	1	3	4	12.00	2.29	0.63
技能证书数量	1/3	1	2	0.67	0.87	0.24
自评健康	1/4	1/2	1	0.13	0.50	0.14

其判断矩阵如下：

$$A = \begin{bmatrix} 1 & 3 & 4 \\ 1/3 & 1 & 2 \\ 1/4 & 1/2 & 1 \end{bmatrix}$$

附表 4　　　　　社会资本各项指标对于社会资本的初始判断矩阵

社会资本	社会网络规模	人情往来支出占比	与周围人信任程度	按行相乘	开3次方	W 权重
社会网络规模	1	4	3	12.00	2.29	0.63
人情往来支出占比	1/4	1	2	0.17	0.55	0.15
与周围人信任程度	1/3	1/2	1	0.50	0.79	0.22

其判断矩阵如下：

$$A = \begin{bmatrix} 1 & 4 & 3 \\ 1/4 & 1 & 2 \\ 1/3 & 1/2 & 1 \end{bmatrix}$$

最后，进行一致性检验，$CI = \dfrac{t-n}{n-1}$，$CR = \dfrac{CI}{RI}(n)$。当 $CR < 0.1$ 时，可认为构造矩阵具有一致性。附表 5 和附表 6 分别验证了初始判断矩阵估计结果的一致性，如附表 5 所示。

附表 5　　　　　人力资本初始判断矩阵一致性检验过程

人力资本	W 权重	AW	AW/W	CI	CR
受教育年限	0.63	1.91	3.03		
技能证书数量	0.24	0.73	3.01		
自评健康	0.14	0.41	2.92		
				0.01	0.02

附表6 　　　　　　　　**社会资本初始判断矩阵一致性检验过程**

社会资本	W 权重	AW	AW/W	CI	CR
社会网络规模	0.63	1.96	3.11		
人情往来支出占比	0.15	0.47	3.13		
与周围人信任程度	0.22	0.68	3.10		
				0.05	0.09

其中，$CI = \dfrac{average(AW/W) - 3}{3 - 1}$，以人力资本中受教育年限指标为例，计算 AW 值方法如下：$AW = 1 \times 0.63 + 3 \times 0.24 + 4 \times 0.14 = 1.89$；$CR = \dfrac{CI}{RI}(3)$，通过查表得随机一致性指标 $RI = 0.5149$，进而计算得出 CR 数值，当 $CR < 0.1$ 时，说明构造初始判断矩阵通过一致性检验，如附表7所示。

附表7 　　　　　　　　　　**随机一致性指标 RI**

矩阵阶数 n	1	2	3	4	5	6	7	8	9	10
RI	0	0	0.52	0.89	1.12	1.26	1.36	1.41	1.46	1.49

按照上述方法求得所有科研人员对于评价指标的权重，取其平均权重即为层次分析法最终权重值，如附表8所示。

附表8 　　　　　　　　　　　**专家打分汇总**

指标	ω_1	ω_2	ω_3	ω_4	ω_5	ω_6	ω_7	ω_8	平均值
受教育年限	0.63	0.57	0.61	0.59	0.60	0.63	0.55	0.54	0.59
技能证书数量	0.24	0.28	0.23	0.26	0.30	0.22	0.25	0.22	0.25
自评健康	0.13	0.15	0.16	0.15	0.10	0.15	0.20	0.24	0.16
社会网络规模	0.63	0.49	0.46	0.49	0.46	0.47	0.50	0.42	0.49
人情往来支出占比	0.15	0.29	0.27	0.35	0.32	0.32	0.34	0.44	0.31
与周围人信任程度	0.22	0.22	0.27	0.16	0.22	0.21	0.16	0.14	0.20

2. 熵权法权重确定及分析过程

根据第 4 章内容中熵权法权重确定过程及计算公式，得出乡城流动人口人力资本和社会资本各项指标客观权重。

假定共有 m 个评价指标，n 个乡城流动人口样本，原始数据 X_{ij}（i = 1，2，3，…，m；j = 1，2，3，…，n）。考虑到不同指标之间量纲的差异，首先对数据进行标准化处理。在本书中，评价乡城流动人口的人力资本、社会资本指标均为正向指标，正向指标标准化公式如式（1）所示：

$$Y_{ij} = \frac{X_{ij} - \min X_{ij}}{\max x_{ij} - \min x_{ij}} \qquad (1)$$

评价指标的熵，在 m 个评价指标和 n 个乡城流动人口样本的评估问题中，第 j 个评价指标的熵 H_j 定义为：

$$H_j = -k \sum_{j=1}^{n} f_{ij} \ln f_{ij} \ (j=1，2，3，…，m) \qquad (2)$$

其中，$f_{ij} = \dfrac{y_{ij}}{\sum\limits_{i=1}^{n} y_{ij}}$（i = 1，2，…，n），$k = \dfrac{1}{\ln n}$

假说当 $f_{ij} = 0$ 时，$f_{ij} \ln f_{ij} = 0$，H_j 越小，说明该指标向决策者提供了越有用的信息。

评价指标的熵权，在（m，n）评价问题中，第 j 个指标的熵权定义为：

$$\omega_j = \frac{1 - H_j}{m - \sum\limits_{j=1}^{m} H_j} \qquad (3)$$

3. 组合权重法权重确定及分析过程

在运用层次分析法计算得出乡城流动人口人力资本和社会资本各项指标主观权重，运用熵权法计算得出乡城流动人口人力资本和社会资本各项指标客观权重后，运用组合赋权法计算其组合权重，通过各个指标标准化数值加权计算乡城流动人口人力资本、社会资本指数，并在此基础上得到不同类型乡城流动人口人力资本和社会资本的平均水平。如附表9所示。

附表9　　　　　　乡城流动人口人力资本与社会资本指数

指标	变量	主观权重	客观权重	组合权重
人力资本	受教育年限	0.59	0.52	0.56
	技能证书数量	0.25	0.09	0.17
	自评健康	0.16	0.38	0.27
社会资本	社会网络规模	0.49	0.49	0.49
	人情往来支出占比	0.31	0.17	0.27
	与周围人信任程度	0.20	0.34	0.24

参 考 文 献

[1] 安素霞. 社会资本对人力资本的整合效应 [J]. 中国人口科学, 2005 (S1): 111-114.

[2] 边燕杰, 张文宏. 经济体制、社会网络与职业流动 [J]. 中国社会科学, 2001 (2): 77-89.

[3] 边燕杰, 张文宏, 程诚. 求职过程的社会网络模型: 检验关系效应假设 [J]. 社会, 2012 (3): 24-37.

[4] 蔡昉. 人口转变、人口红利与经济增长可持续性——兼论充分就业如何促进经济增长 [J]. 人口研究, 2004 (2): 2-9.

[5] 蔡昉, 都阳. 工资增长、工资趋同与刘易斯转折点 [J]. 经济学动态, 2011 (9): 9-16.

[6] 蔡昉. 中国经济改革效应分析——劳动力重新配置的视角 [J]. 经济研究, 2017 (7): 4-17.

[7] 蔡禾, 王进. "农民工" 永久迁移意愿研究 [J]. 社会学研究, 2007 (6): 86-113.

[8] 蔡起华, 朱玉春. 社会信任、关系网络与农户参与农村公共产品供给 [J]. 中国农村经济, 2015 (7): 57-69.

[9] 陈斌开, 陈思宇. 流动的社会资本——传统宗族文化是否影响移民就业? [J]. 经济研究, 2018 (3): 35-49.

[10] 陈传波, 阎竣. 户籍歧视还是人力资本差异? ——对城城与乡城流动人口收入差距的布朗分解 [J]. 华中农业大学学报 (社会科学版), 2015 (5): 9-16.

［11］陈会广，刘忠原．土地承包权益对农村劳动力转移的影响——托达罗模型的修正与实证检验［J］．中国农村经济，2013（11）：12 - 23．

［12］陈俊峰，杨轩．农民工迁移意愿研究的回顾与展望［J］．城市问题，2012（4）：27 - 32．

［13］陈良敏，丁士军．进城农民工家庭永久性迁移意愿和行为的影响因素［J］．农业经济问题，2019（8）：117 - 128．

［14］陈强．高级计量经济学及 stata 应用［M］．北京：高等教育出版社，2013．

［15］陈书伟．人力资本与外出农民工职业选择——基于河南省三县市调研数据的实证分析［J］．财经论丛，2015（6）：18 - 24．

［16］陈素琼，张广胜．城市农民工家庭化迁移模式变迁及其幸福效应——基于 CGSS 数据的追踪研究［J］．农业技术经济，2017（8）：67 - 80．

［17］陈贤寿，孙丽华．武汉市流动人口家庭化分析及对策思考［J］．中国人口科学，1996（5）：44 - 47．

［18］陈延秋，金晓彤．心理资本对新生代农民工社会融入的影响——基于社会距离的中介作用［J］．青年研究，2016（1）：30 - 38．

［19］陈一敏．新生代农民工心理资本的影响因素［J］．城市问题，2013（2）：63 - 67．

［20］陈咏媛．新中国 70 年农村劳动力非农化转移：回顾与展望［J］．北京工业大学学报（社会科学版），2019（4）：18 - 28．

［21］陈云松，比蒂·沃克尔，亨克·弗莱普．"关系人"没用吗？——社会资本求职效应的论战与新证［J］．社会学研究，2014（3）：100 - 120．

［22］陈昭玖，胡雯．人力资本、地缘特征与农民工市民化意愿——基于结构方程模型的实证分析［J］．农业技术经济，2016（1）：37 - 47．

[23] 程名望. 中国农村劳动力转移：机理、动因与障碍 [D]. 上海：上海交通大学，2017.

[24] 程名望，Jin Yanhong，盖庆恩，史清华. 农村减贫：应该更关注教育还是健康？——基于收入增长和差距缩小双重视角的实证 [J]. 经济研究，2014（11）：130 – 144.

[25] 崇维祥，杨书胜. 流动人口家庭化迁移影响因素分析 [J]. 西北农林科技大学学报（社会科学版），2015（5）：105 – 113.

[26] 仇焕广，陆岐楠，张崇尚，曲晓睿. 风险规避、社会资本对农民工务工距离的影响 [J]. 中国农村观察，2017（3）：42 – 56.

[27] 邓大松，孟颖颖. 中国农村剩余劳动力转移的历史变迁：政策回顾和阶段评述——兼论中国城市化道路的选择 [A]. 纪念农村改革30周年学术论文集：中国农业经济学会，2008.

[28] 邓曲恒. 农村居民举家迁移的影响因素：基于混合 Logit 模型的经验分析 [J]. 中国农村经济，2013（10）：17 – 29.

[29] 邓睿. 社会资本动员中的关系资源如何影响农民工就业质量？[J]. 经济学动态，2020（1）：52 – 68.

[30] 董滨，庄贵军. 网络交互策略与企业间协作的任务技术匹配效应检验 [J]. 管理科学，2018（5）：30 – 41.

[31] 董昕. 住房支付能力与农业转移人口的持久性迁移意愿 [J]. 中国人口科学，2015（6）：91 – 99.

[32] 董昕. 房价压力、房租负担与人口持久性迁移意愿 [J]. 财经问题研究，2016（3）：3 – 10.

[33] 都阳，蔡昉，屈小博，程杰. 延续中国奇迹：从户籍制度改革中收获红利 [J]. 经济研究，2014（8）：4 – 13.

[34] 都阳，万广华. 城市劳动力市场上的非正规就业及其在减贫中的作用 [J]. 经济学动态，2014（9）：88 – 97.

[35] 段成荣，韩荣炜，刘岚. 人口迁移选择性及其度量 [J]. 南京人口管理干部学院学报，2001（2）：22 – 24.

［36］段成荣，吕利丹，邹湘江．当前我国流动人口面临的主要问题和对策——基于 2010 年第六次全国人口普查数据的分析 ［J］．人口研究，2013（2）：17 – 24.

［37］段成荣，程梦瑶，冯乐安．新时代人口发展战略研究：人口迁移流动议题前瞻 ［J］．宁夏社会科学，2018（2）：103 – 107.

［38］段成荣，谢东虹，吕利丹．中国人口的迁移转变 ［J］．人口研究，2019（2）：12 – 20.

［39］段成荣，吕利丹，王涵，谢东虹．从乡土中国到迁徙中国：再论中国人口迁移转变 ［J］．人口研究，2020（1）：19 – 25.

［40］段成荣，赵畅，吕利丹．中国流动人口流入地分布变动特征（2000—2015）［J］．人口与经济，2020（1）：89 – 99.

［41］段文婷，江光荣．计划行为理论述评 ［J］．心理科学进展，2008（2）：315 – 320.

［42］樊茜，金晓彤，徐尉．教育培训对新生代农民工就业质量的影响研究——基于全国 11 个省（直辖市）4030 个样本的实证分析 ［J］．经济纵横，2018（3）：39 – 45.

［43］范志权．转型期中国乡城流动人口行为失范问题研究 ［D］．重庆：西南财经大学，2013.

［44］冯晓龙，霍学喜，陈宗兴．气候变化与农户适应性行为决策［J］．西北农林科技大学学报（社会科学版），2017（5）：73 – 81.

［45］冯晓龙．苹果种植户气候变化适应性行为研究 ［D］．杨陵：西北农林科技大学，2017.

［46］符平，唐有财，江立华．农民工的职业分割与向上流动 ［J］．中国人口科学，2012（6）：75 – 82.

［47］高虹，陆铭．社会信任对劳动力流动的影响——中国农村整合型社会资本的作用及其地区差异 ［J］．中国农村经济，2010（3）：12 – 24.

［48］高健，张东辉．个体迁移、家庭迁移与定居城市：农民工迁

移模式的影响因素分析 [J]. 统计与决策, 2016 (4): 99 - 102.

[49] 高帅, 史婵. 代际差异视角下流动人口长期迁移意愿研究 [J]. 财经科学, 2019 (3): 39 - 51.

[50] 高文书. 人力资本与进城农民工职业选择的实证研究 [J]. 人口与发展, 2019 (3): 38 - 43.

[51] 高岩辉, 刘科伟, 张晓露. 劳动力转移的理论流派与地理学的视角 [J]. 人文地理, 2008 (5): 112 - 118.

[52] 葛苏勤. 劳动力市场分割理论的最新进展 [J]. 经济学动态, 2000 (12): 53 - 56.

[53] 龚冬生, 李树苗, 李艳. 男女农民工的生计资本对其城市发展意愿的影响 [J]. 城市问题, 2019 (2): 96 - 103.

[54] 郭琳, 刘永合. 流动劳动力的人力资本与就业身份选择——基于东部和中西部地区在京就业者的比较 [J]. 南京人口管理干部学院学报, 2011 (1): 11 - 16.

[55] 郭显光. 多指标综合评价中权数的确定 [J]. 数量经济技术经济研究, 1989 (11): 49 - 52.

[56] 郭云南, 姚洋. 宗族网络与农村劳动力流动 [J]. 管理世界, 2013 (3): 69 - 81.

[57] 过江鸿. 贫困地区留守新生代农民就业问题研究 [D]. 武汉: 武汉理工大学, 2011.

[58] 韩东. 农民工就业质量研究 [D]. 吉林: 吉林大学, 2019.

[59] 韩其恒, 苗二森, 李俊青. 农村劳动力迁移摩擦影响农民工数量与工资结构吗? [J]. 管理科学学报, 2018 (1): 13 - 30.

[60] 韩叙, 夏显力. 社会资本、非正规就业与乡城流动人口家庭迁移 [J]. 华中农业大学学报 (社会科学版), 2019 (3): 111 - 119.

[61] 韩长赋. 中国农民工发展趋势与展望 [J]. 经济研究, 2006 (12): 4 - 12.

[62] 郝雨霏, 陈钐明. 家庭结构与西部地区农村居民的迁移意愿

[J]．西北农林科技大学学报（社会科学版），2016（1）：107－112．

[63] 何仁伟，刘邵权，刘运伟，李立娜，梁岚，李婷婷．典型山区农户生计资本评价及其空间格局——以四川省凉山彝族自治州为例[J]．山地学报，2014（6）：641－651．

[64] 贺京同，郝身永．怎样才能使落脚城市人群更幸福？——基于CHIPS数据的实证分析[J]．南开经济研究，2013（6）：54－73．

[65] 胡鞍钢．从人口大国到人力资本大国：1980～2000年[J]．中国人口科学，2002（5）：3－12．

[66] 胡凤霞，姚先国．农民工非正规就业选择研究[J]．人口与经济，2011（4）：23－28．

[67] 胡继亮，李栋，李邱帆．非农就业、农民工进城落户意愿与城镇化区位选择——基于微观调查数据[J]．农林经济管理学报，2019（5）：598－606．

[68] 胡伦，陆迁．生计能力对农户持续性贫困门槛值的影响[J]．华中农业大学学报（社会科学版），2019（5）：78－87．

[69] 黄枫，孙世龙．让市场配置农地资源：劳动力转移与农地使用权市场发育[J]．管理世界，2015（7）：71－81．

[70] 黄乾．教育与社会资本对城市农民工健康的影响研究[J]．人口与经济，2010（2）：71－75．

[71] 黄玉娜．社会资本视角下政府反贫困政策绩效的定量分析[D]．重庆：西南财经大学，2011．

[72] 黄志岭．城乡户籍自我雇佣差异及原因分析[J]．世界经济文汇，2012（6）：111－119．

[73] 黄忠华，杜雪君．农村土地制度安排是否阻碍农民工市民化：托达罗模型拓展和义乌市实证分析[J]．中国土地科学，2014（7）：31－38．

[74] 黄祖辉，胡伟斌．中国农民工的演变轨迹与发展前瞻[J]．学术月刊，2019（3）：48－55．

[75] 黄祖辉，钱文荣，毛迎春．进城农民在城镇生活的稳定性及市民化意愿 [J]．中国人口科学，2004（2）：70 - 75.

[76] 纪韶，刘德建．农民工职业层次分化与就业身份选择——基于 2013 年北京市流动人口动态监测数据 [J]．调研世界，2015（11）：32 - 35.

[77] 纪月清，刘迎霞，钟甫宁．家庭难以搬迁下的中国农村劳动力迁移 [J]．农业技术经济，2010（11）：4 - 12.

[78] 景再方，陈娟娟，杨肖丽．自雇还是受雇：农村流动人口人力资本作用机理与实证检验——基于 CGSS 数据经验分析 [J]．农业经济问题，2018（6）：87 - 97.

[79] 景再方，董艳敏，杨肖丽．时距效应视角下职业类型对流动人口定居意愿的影响 [J]．统计与信息论坛，2019（4）：75 - 82.

[80] 孔建勋，邓云斐．社会资本与迁移距离：对云南跨界民族外出务工者的实证分析 [J]．云南社会科学，2016（6）：140 - 144.

[81] 赖德胜，孟大虎，苏丽锋．替代还是互补——大学生就业中的人力资本和社会资本联合作用机制研究 [J]．北京大学教育评论，2012（1）：13 - 31.

[82] 乐君杰．工作搜寻理论、匹配模型及其政策启示——2010 年诺贝尔经济学奖获得者研究贡献综述 [J]．浙江社会科学，2011（1）：135 - 140.

[83] 李小琴，王晓星．子女随迁对流动人口创业的影响 [J]．中国经济问题，2020（4）：90 - 103.

[84] 李宝值，朱奇彪，米松华，卢海阳．农民工社会资本对其职业技能投资决策的影响研究 [J]．农业经济问题，2016（12）：62 - 72.

[85] 李超，万海远，田志磊．为教育而流动——随迁子女教育政策改革对农民工流动的影响 [J]．财贸经济，2018（1）：132 - 146.

[86] 李春玲．当代中国社会的声望分层——职业声望与社会经济地位指数测量 [J]．社会学研究，2005（2）：74 - 102.

［87］李飞，钟涨宝．人力资本、阶层地位、身份认同与农民工永久迁移意愿［J］．人口研究，2017（6）：58－70.

［88］李国梁．新生代农民工职业发展的组织干预策略：自利性困境与路径选择［J］．广西大学学报（哲学社会科学版），2018（1）：41－47.

［89］李海峥，梁赟玲，Barbara Fraumeni，刘智强，王小军．中国人力资本测度与指数构建［J］．经济研究，2010（8）：42－54.

［90］李厚刚．建国以来国家对于农村劳动力流动政策变迁［J］．理论月刊，2012（12）：168－173.

［91］李辉，王良健．房价、房价收入比与流动人口长期居留意愿——来自流动人口的微观证据［J］．经济地理，2019（6）：86－96.

［92］李静，宋振明．一种基于概念匹配度模型的中文问答系统［J］．河北工程大学学报（自然科学版），2008（2）：101－103.

［93］李黎明，张顺国．影响高校大学生职业选择的因素分析——基于社会资本和人力资本的双重考察［J］．社会，2008（2）：162－180.

［94］李楠，胡建兰．改革开放30年农村居民收入差距变动及经济影响［J］．求索，2008（12）：1－4.

［95］李培林，田丰．中国新生代农民工：社会态度和行为选择［J］．社会，2011（3）：1－23.

［96］李强．中国大陆城市农民工的职业流动［J］．社会学研究，1999（3）：3－5.

［97］李强．影响中国城乡流动人口的推力与拉力因素分析［J］．中国社会科学，2003（1）：125－136.

［98］李强，龙文进．农民工留城与返乡意愿的影响因素分析［J］．中国农村经济，2009（2）：46－54.

［99］李强．农民工举家迁移决策的理论分析及检验［J］．中国人口·资源与环境，2014（6）：65－70.

[100] 李荣彬, 王国辉. 省际省内流动人口的分布、关联及影响因素 [J]. 城市问题, 2016 (10): 51-58.

[101] 李瑞, 刘超. 流动范围与农民工定居意愿——基于流出地的视角 [J]. 农业技术经济, 2019 (8): 53-67.

[102] 李瑞, 刘超. 城市规模对农民工人力资本外部性的影响 [J]. 城市问题, 2019 (3): 32-40.

[103] 李诗韵, 梅志雄, 张锐豪, 赵书芳. 中国省际人口迁移空间特征与影响因素分析 [J]. 华南师范大学学报 (自然科学版), 2017 (3): 84-91.

[104] 李树苗, 王维博, 悦中山. 自雇与受雇农民工城市居留意愿差异研究 [J]. 人口与经济, 2014 (2): 12-21.

[105] 李小云, 张雪梅, 唐丽霞. 当前中国农村的贫困问题 [J]. 中国农业大学学报, 2005 (4): 67-74.

[106] 李扬, 刘慧, 汤青. 1985-2010 年中国省际人口迁移时空格局特征 [J]. 地理研究, 2015 (6): 1135-1148.

[107] 李珍珍, 陈琳. 农民工健康状况影响因素分析 [J]. 南方人口, 2010 (4): 10-17.

[108] 连玉君, 王闻达, 叶汝财. Hausman 检验统计量有效性的 Monte Carlo 模拟分析 [J]. 数理统计与管理, 2014 (5): 830-841.

[109] 梁宏, 任焰. 流动, 还是留守?——农民工子女流动与否的决定因素分析 [J]. 人口研究, 2010 (2): 57-65.

[110] 梁宏. 代际差异视角下的农民工精神健康状况 [J]. 人口研究, 2014 (4): 87-100.

[111] 梁琦, 陈强远, 王如玉. 户籍改革、劳动力流动与城市层级体系优化 [J]. 中国社会科学, 2013 (12): 36-59.

[112] 梁童心, 齐亚强, 叶华. 职业是如何影响健康的?——基于 2012 年中国劳动力动态调查的实证研究 [J]. 社会学研究, 2019 (4): 193-217.

［113］林李月，朱宇，柯文前，王建顺．基本公共服务对不同规模城市流动人口居留意愿的影响效应［J］．地理学报，2019（4）：737－752.

［114］林李月，朱宇．中国城市流动人口户籍迁移意愿的空间格局及影响因素——基于2012年全国流动人口动态监测调查数据［J］．地理学报，2016（10）：1696－1709.

［115］林南，俞弘强．社会网络与地位获得［J］．马克思主义与现实，2003（2）：46－59.

［116］李答民．社会资本、人力资本与大学生就业实现关系模型分析［J］．中国成人教育，2010（21）：34－36.

［117］刘彬彬，陆迁，李晓平．社会资本与贫困地区农户收入——基于门槛回归模型的检验［J］．农业技术经济，2014（11）：40－51.

［118］刘彩云，高向东，王新贤．大城市流动人口迁移距离及其影响因素研究——以上海为例［J］．西北人口，2020（3）：1－11.

［119］刘成斌．生存理性及其更替——两代农民工进城心态的转变［J］．福建论坛（人文社会科学版），2007（7）：132－135.

［120］刘程．流动人口的永久迁移意愿及其决定机制［J］．华南农业大学学报（社会科学版），2018（3）：62－72.

［121］刘传江，龙颖桢，付明辉．非认知能力对农民工市民化能力的影响研究［J］．西北人口，2020（2）：1－12.

［122］刘金凤，魏后凯．城市公共服务对流动人口永久迁移意愿的影响［J］．经济管理，2019（11）：20－37.

［123］刘军辉，张古．户籍制度改革对农村劳动力流动影响模拟研究——基于新经济地理学视角［J］．财经研究，2016（10）：80－93.

［124］刘锐，曹广忠．中国农业转移人口市民化的空间特征与影响因素［J］．地理科学进展，2014（6）：748－755.

［125］刘同山，孔祥智．家庭资源、个人禀赋与农民的城镇迁移偏好［J］．中国人口·资源与环境，2014（8）：73－80.

[126] 刘万霞. 职业教育对农民工就业的影响——基于对全国农民工调查的实证分析 [J]. 管理世界, 2013 (5): 64 – 75.

[127] 刘彦随, 严镔, 王艳飞. 新时期中国城乡发展的主要问题与转型对策 [J]. 经济地理, 2016 (7): 1 – 8.

[128] 刘晏伶, 冯健. 中国人口迁移特征及其影响因素——基于第六次人口普查数据的分析 [J]. 人文地理, 2014 (2): 129 – 137.

[129] 柳建平, 刘卫兵. 教育是如何帮助脱贫的？——基于劳动力职业选择作用的分析 [J]. 人口与经济, 2018 (1): 61 – 68.

[130] 卢海阳, 邱航帆, 杨龙, 钱文荣. 农民工健康研究：述评与分析框架 [J]. 农业经济问题, 2018 (1): 110 – 120.

[131] 卢海阳, 郑旭媛. 禀赋差异、议价能力与农民工工资——来自中国劳动力动态调查的证据 [J]. 农业技术经济, 2019 (6): 97 – 106.

[132] 卢海阳, 郑逸芳, 钱文荣. 农民工融入城市行为分析——基于1632个农民工的调查数据 [J]. 农业技术经济, 2016 (1): 26 – 36.

[133] 卢小君. 就近迁移与异地迁移对农业转移人口社会融合的影响——基于倾向得分匹配方法的反事实估计 [J]. 农业技术经济, 2019 (7): 68 – 78.

[134] 陆铭, 高虹, 佐藤宏. 城市规模与包容性就业 [J]. 中国社会科学, 2012 (10): 47 – 66.

[135] 陆铭. 城市、区域和国家发展——空间政治经济学的现在与未来 [J]. 经济学（季刊）, 2017 (4): 1499 – 1532.

[136] 陆万军, 张彬斌. 就业类型、社会福利与流动人口城市融入——来自微观数据的经验证据 [J]. 经济学家, 2018 (8): 34 – 41.

[137] 逯进, 郭志仪. 中国省域人口迁移与经济增长耦合关系的演进 [J]. 人口研究, 2014 (6): 40 – 56.

[138] 罗明忠, 卢颖霞. 农民工的职业认同对其城市融入影响的实证分析 [J]. 中国农村观察, 2013 (5): 10 – 23.

[139] 罗竖元，李萍. 社会资本对新生代农民工择业行为影响调研 [J]. 广东行政学院学报，2011 (2)：93 – 98.

[140] 马成成，肖璐. 基于计划行为理论的农民工城镇落户行为产生机制 [J]. 江苏农业科学，2018 (22)：389 – 394.

[141] 马九杰，孟凡友. 农民工迁移非持久性的影响因素分析——基于深圳市的实证研究 [J]. 改革，2003 (4)：77 – 86.

[142] 马瑞，章辉，张森，徐志刚. 农村进城就业人员永久迁移留城意愿及社会保障需求——基于四省农村外出就业人口的实证分析 [J]. 农业技术经济，2011 (7)：55 – 65.

[143] 马肖曼. 乡—城新生代人口的家庭迁移模式研究 [D]. 长春：吉林大学，2017.

[144] 马小红，段成荣，郭静. 四类流动人口的比较研究 [J]. 中国人口科学，2014 (5)：36 – 46.

[145] 马忠东. 改革开放 40 年中国人口迁移变动趋势——基于人口普查和1% 抽样调查数据的分析 [J]. 中国人口科学，2019 (3)：16 – 28.

[146] 麦尔旦·吐尔孙，欧阳金琼，王雅鹏. 禀赋依赖、能力水平与农民夫妻联合迁移 [J]. 人口与经济，2017 (3)：55 – 65.

[147] 毛丰付，卢晓燕，白云浩. 农民工城市定居意愿研究述评 [J]. 西北农林科技大学学报（社会科学版），2017 (5)：21 – 28.

[148] 毛丰付，张淼. 城市新移民自雇创业问题研究述评 [J]. 贵州财经大学学报，2014 (4)：98 – 105.

[149] 梅建明，袁玉洁. 农民工市民化意愿及其影响因素的实证分析——基于全国31 个省、直辖市和自治区的3375 份农民工调研数据 [J]. 江西财经大学学报，2016 (1)：68 – 77.

[150] 孟凡礼，谢勇，赵霞. 收入水平、收入感知与农民工的留城意愿 [J]. 南京农业大学学报（社会科学版），2015 (6)：42 – 50.

[151] 孟凡强，初帅. 职业分割与流动人口户籍歧视的年龄差异 [J]. 财经研究，2018 (12)：44 – 56.

[152] 米松华, 李宝值, 朱奇彪. 农民工社会资本对其健康状况的影响研究——兼论维度差异与城乡差异 [J]. 农业经济问题, 2016 (9): 42 - 53.

[153] 闵庆飞, 王建军, 谢波. 信息系统研究中的 "匹配" 理论综述 [J]. 信息系统学报, 2011 (1): 77 - 88.

[154] 聂伟, 王小璐. 人力资本、家庭禀赋与农民的城镇定居意愿——基于 CGSS2010 数据库资料分析 [J]. 南京农业大学学报 (社会科学版), 2014 (5): 53 - 61.

[155] 宁光杰, 段乐乐. 流动人口的创业选择与收入——户籍的作用及改革启示 [J]. 经济学 (季刊), 2017 (2): 771 - 792.

[156] 宁光杰, 孔艳芳. 自我雇佣农民工市民化的影响因素研究——基于长三角和珠三角地区的比较分析 [J]. 中国经济问题, 2017 (5): 94 - 106.

[157] 宁光杰. 自我雇佣还是成为工资获得者? ——中国农村外出劳动力的就业选择和收入差异 [J]. 管理世界, 2012 (7): 54 - 66.

[158] 宁光杰. 自选择与农村剩余劳动力非农就业的地区收入差异——兼论刘易斯转折点是否到来 [J]. 经济研究, 2012 (S2): 42 - 55.

[159] 宁光杰. 中国大城市的工资高吗? ——来自农村外出劳动力的收入证据 [J]. 经济学 (季刊), 2014 (3): 1021 - 1046.

[160] 宁夏, 叶敬忠. 改革开放以来的农民工流动——一个政治经济学的国内研究综述 [J]. 政治经济学评论, 2016 (1): 43 - 62.

[161] 戚迪明, 张广胜. 农民工流动与城市定居意愿分析——基于沈阳市农民工的调查 [J]. 农业技术经济, 2012 (4): 44 - 51.

[162] 齐良书, 李子奈. 与收入相关的健康和医疗服务利用流动性 [J]. 经济研究, 2011 (9): 83 - 95.

[163] 齐晓宁, 景再方, 马海涛. 农民工与城市工工作态度差异研究——基于城市低技能行业的调查 [J]. 农业经济, 2012 (6): 85 - 86.

[164] 钱芳,陈东有.强关系型和弱关系型社会资本对农民工就业质量的影响 [J].甘肃社会科学,2014(1):56 - 59.

[165] 钱龙,钱文荣,洪名勇.就近务工提升了农民工城镇化意愿吗——基于贵阳市的调查 [J].农业现代化研究,2016(1):102 - 109.

[166] 钱文荣,李宝值.初衷达成度、公平感知度对农民工留城意愿的影响及其代际差异——基于长江三角洲 16 城市的调研数据 [J].管理世界,2013(9):89 - 101.

[167] 钱雪亚,章丽君,林浣.度量人力资本水平的三类统计方法 [J].统计与决策,2003(10):9 - 10.

[168] 谯珊.从劝止到制止:20 世纪 50 年代的"盲流"政策 [J].兰州学刊,2017(12):16 - 25.

[169] 秦立建,王震,蒋中一.农民工的迁移与健康——基于迁移地点的 Panel 证据 [J].世界经济文汇,2014(6):44 - 59.

[170] 秦立建,王震.农民工城镇户籍转换意愿的影响因素分析 [J].中国人口科学,2014(5):99 - 106.

[171] 屈小博,余文智.农民工教育与职业的匹配及其工资效应——基于城市规模视角 [J].中国农村经济,2020(1):48 - 64.

[172] 全磊,陈玉萍,丁士军.新型城镇化进程中农民工家庭生计转型阶段划分方法及其应用 [J].中国农村观察,2019(5):17 - 31.

[173] 任远."逐步沉淀"与"居留决定居留"——上海市外来人口居留模式分析 [J].中国人口科学,2006(3):67 - 72.

[174] 任远,陶力.本地化的社会资本与促进流动人口的社会融合 [J].人口研究,2012(5):47 - 57.

[175] 荣慧芳,方斌.基于重心模型的安徽省城镇化与生态环境匹配度分析 [J].中国土地科学,2017(6):34 - 41.

[176] 商春荣,虞芹琴.农民工的迁移模式研究 [J].华南农业大学学报(社会科学版),2015(1):68 - 78.

[177] 尚越，石智雷. 城乡迁移与农民工心理健康——基于中国劳动力动态调查数据的分析 [J]. 西北人口，2020，41（4）：104 – 113.

[178] 盛来运，唐平. 收入增长对农村居民生活消费的影响 [J]. 调研世界，2005（11）：5 – 8.

[179] 盛亦男. 流动人口家庭化迁居水平与迁居行为决策的影响因素研究 [J]. 人口学刊，2014（3）：71 – 84.

[180] 盛亦男. 中国的家庭化迁居模式 [J]. 人口研究，2014（3）：41 – 54.

[181] 盛亦男. 流动人口家庭迁居的经济决策 [J]. 人口学刊，2016（1）：49 – 60.

[182] 盛亦男. 流动人口居留意愿的梯度变动与影响机制 [J]. 中国人口·资源与环境，2017（1）：128 – 136.

[183] 石丹淅，吴克明. 教育促进劳动者自我雇佣了吗？——基于 CHIP 数据的经验分析 [J]. 中南财经政法大学学报，2015（3）：19 – 26.

[184] 石智雷，彭慧. 工作时间、业余生活与农民工的市民化意愿 [J]. 中南财经政法大学学报，2015（4）：12 – 21.

[185] 石智雷. 有多少农民工实现了职业上升？——人力资本、行业分割与农民工职业垂直流动 [J]. 人口与经济，2017（6）：90 – 104.

[186] 宋锦，李实. 农民工子女随迁决策的影响因素分析 [J]. 中国农村经济，2014（10）：48 – 61.

[187] 宋月萍. 流动人口家庭成员年龄构成、公共服务与消费研究 [J]. 人口与发展，2019（2）：86 – 96.

[188] 孙迪，崔宝玉，霍梦婷. 自雇与受雇农业转移人口市民化意愿和能力分异 [J]. 资源科学，2020（5）：881 – 893.

[189] 孙顶强，冯紫曦. 健康对我国农村家庭非农就业的影响：效率效应与配置效应——以江苏省灌南县和新沂市为例 [J]. 农业经济问题，2015（8）：28 – 34，110.

[190] 孙三百. 城市移民收入增长的源泉: 基于人力资本外部性的新解释 [J]. 世界经济, 2016 (4): 170－192.

[191] 孙学涛, 李旭, 戚迪明. 就业地、社会融合对农民工城市定居意愿的影响——基于总体、分职业和分收入的回归分析 [J]. 农业技术经济, 2016 (11): 44－55.

[192] 孙学涛, 张丽娟, 张广胜. 农民工就业稳定与社会融合: 完全理性与有限理性假设的比较 [J]. 农业技术经济, 2018 (11): 44－55.

[193] 孙一平, 周向. 异质性人力资本对中国农业经济增长的影响研究——基于省际面板数据 [J]. 农业技术经济, 2015 (4): 108－119.

[194] 孙战文, 杨学成. 市民化进程中农民工家庭迁移决策的静态分析——基于成本—收入的数理模型与实证检验 [J]. 农业技术经济, 2014 (7): 36－48.

[195] 孙中伟. 农民工大城市定居偏好与新型城镇化的推进路径研究 [J]. 人口研究, 2015 (5): 72－86.

[196] 谭江蓉. 乡城流动人口的收入分层与人力资本回报 [J]. 农业经济问题, 2016 (2): 59－66.

[197] 陶然, 徐志刚. 城市化、农地制度与迁移人口社会保障——一个转轨中发展的大国视角与政策选择 [J]. 经济研究, 2005 (12): 45－56.

[198] 陶树果, 高向东, 余运江. 农村劳动年龄人口乡城迁移意愿和城镇化路径研究——基于 CGSS 2010 年数据的 Logistic 回归模型分析 [J]. 人口与经济, 2015 (5): 40－49.

[199] 田北海, 雷华, 佘洪毅, 刘定学. 人力资本与社会资本孰重孰轻: 对农民工职业流动影响因素的再探讨——基于地位结构观与网络结构观的综合视角 [J]. 中国农村观察, 2013 (1): 34－47.

[200] 田丰. 逆成长: 农民工社会经济地位的十年变化 (2006—2015) [J]. 社会学研究, 2017 (3): 121－143.

[201] 田明. 农业转移人口空间流动与城市融入 [J]. 人口研究, 2013 (4)：43 - 55.

[202] 田艳平. 农民工职业选择影响因素的代际差异 [J]. 中国人口·资源与环境, 2013 (1)：81 - 88.

[203] 童雪敏, 晋洪涛, 史清华. 农民工城市融入：人力资本和社会资本视角的实证研究 [J]. 经济经纬, 2012 (5)：33 - 37.

[204] 汪伟, 徐乐, 蔡嘉雯, 姜振茂. 社会资本对人口省际迁移的影响研究 [J]. 财经研究, 2019 (1)：89 - 108.

[205] 王春超, 周先波. 社会资本能影响农民工收入吗？——基于有序响应收入模型的估计和检验 [J]. 管理世界, 2013 (9)：55 - 68.

[206] 王春超, 叶琴. 中国农民工多维贫困的演进——基于收入与教育维度的考察 [J]. 经济研究, 2014 (12)：159 - 174.

[207] 王春光. 新生代农村流动人口的社会认同与城乡融合的关系 [J]. 社会学研究, 2001 (3)：63 - 76.

[208] 王春玲. 农民工生计资本与技能培训意愿研究 [D]. 太原：山西师范大学, 2012.

[209] 王春蕊, 杨江澜, 刘家强. 禀赋异质、偏好集成与农民工居住的稳定性分析 [J]. 人口研究, 2015 (4)：66 - 77.

[210] 王德文, 吴要武, 蔡昉. 迁移、失业与城市劳动力市场分割——为什么农村迁移者的失业率很低？ [J]. 世界经济文汇, 2004 (1)：37 - 52.

[211] 王桂新, 潘泽瀚, 陆燕秋. 中国省际人口迁移区域模式变化及其影响因素——基于 2000 和 2010 年人口普查资料的分析 [J]. 中国人口科学, 2012 (5)：2 - 13, 111.

[212] 王桂新, 张蕾, 张伊娜. 城市新移民贫困救助和社会保障机制研究 [J]. 人口学刊, 2007 (3)：35 - 40.

[213] 王桂新. 新中国人口迁移 70 年：机制、过程与发展 [J]. 中国人口科学, 2019 (5)：2 - 14.

［214］王建国，李实．大城市的农民工工资水平高吗？［J］．管理世界，2015（1）：51－62．

［215］王静．大城市流动人口的"职业转换"对工资影响的研究［J］．西北人口，2020（2）：13－26．

［216］王珏，陈雯，袁丰．基于社会网络分析的长三角地区人口迁移及演化［J］．地理研究，2014（2）：385－400．

［217］王珏，祝继高．劳动保护能促进企业高学历员工的创新吗？——基于 A 股上市公司的实证研究［J］．管理世界，2018（3）：139－152．

［218］王美艳，蔡昉．户籍制度改革的历程与展望［J］．广东社会科学，2008（6）：19－26．

［219］王倩，刘学录．基于熵权法的兰州市耕地整理潜力综合评价［J］．甘肃农业大学学报，2009（6）：123－127．

［220］王胜今，秦芳菊，陈世坤．中国人口迁移流动的人力资本替代效应及影响分析［J］．人口学刊，2020（3）：39－50．

［221］王守文，石丹淅．中国城镇自雇者教育收益率研究——基于CHIP 数据的经验分析［J］．统计与信息论坛，2015（9）：60－65．

［222］王文刚，孙桂平，张文忠，王利敏．京津冀地区流动人口家庭化迁移的特征与影响机理［J］．中国人口·资源与环境，2017（1）：137－145．

［223］王晓峰，张幸福．流动范围、就业身份和户籍对东北地区流动人口城市融入的影响［J］．人口学刊，2019（2）：43－53．

［224］王燕华，张大勇．城市化进程中农民工群体的"再社会化"问题——农民转化为市民的一些制约因素思考［J］．中国农业大学学报（社会科学版），2004（1）：9－13．

［225］王烊烊，张同利．教育人力资本对农民工职业选择的影响［J］．黑河学院学报，2020（6）：79－83．

［226］王银梅．中国社会化小农与农村土地流转［J］．农业经济问

题，2010（5）：45－50.

[227] 王玉君. 农民工城市定居意愿研究——基于十二个城市问卷调查的实证分析 [J]. 人口研究，2013（4）：19－32.

[228] 王子成，赵忠. 农民工迁移模式的动态选择：外出、回流还是再迁移 [J]. 管理世界，2013（1）：78－88.

[229] 卫龙宝，胡慧洪，钱文荣，曹明华. 城镇化过程中相关行为主体迁移意愿的分析——对浙江省海宁市农村居民的调查 [J]. 中国社会科学，2003（5）：39－48.

[230] 魏后凯，苏红键. 中国农业转移人口市民化进程研究 [J]. 中国人口科学，2013（5）：21－29.

[231] 魏万青. 户籍制度改革对流动人口收入的影响研究 [J]. 社会学研究，2012（1）：152－173.

[232] 魏万青. 从职业发展到家庭完整性：基于稳定城市化分析视角的农民工入户意愿研究 [J]. 社会，2015（5）：196－217.

[233] 温忠麟，侯杰泰，张雷. 调节效应与中介效应的比较和应用 [J]. 心理学报，2005（2）：268－274.

[234] 吴军，夏建. 中国外社会资本理论：历史脉络与前沿动态 [J]. 学术界，2012（8）：67－76.

[235] 吴帆. 中国流动人口家庭的迁移序列及其政策涵义 [J]. 南开学报（哲学社会科学版），2016（4）：103－110.

[236] 吴伟伟，阚红莲，刘业鑫，Kim Yanggi. 管理机制、技术知识资产与企业市场绩效 [J]. 科学学研究，2017（5）：754－762.

[237] 吴兴陆. 农民工定居性迁移决策的影响因素实证研究 [J]. 人口与经济，2005（1）：5－10.

[238] 吴愈晓. 影响城镇女性就业的微观因素及其变化：1995 年与 2002 年比较 [J]. 社会，2010（6）：136－155.

[239] 吴愈晓. 社会关系、初职获得方式与职业流动 [J]. 社会学研究，2011，26（5）：128－152.

［240］武岩，胡必亮．社会资本与中国农民工收入差距［J］．中国人口科学，2014（6）：50－61.

［241］夏怡然，陆铭．城市间的"孟母三迁"——公共服务影响劳动力流向的经验研究［J］．管理世界，2015（10）：78－90.

［242］夏怡然．农民工的在职培训需求及其异质性——基于职业选择行为的经验研究［J］．世界经济文汇，2015（2）：57－73.

［243］夏怡然．农民工定居地选择意愿及其影响因素分析——基于温州的调查［J］．中国农村经济，2010（3）：35－44.

［244］肖璐，蒋芮．农民工城市落户"意愿—行为"转化路径及其机理研究［J］．人口与经济，2018（6）：89－100.

［245］谢东虹．迁移的幸福效用——基于迁移距离和迁移方式双重维度的分析［J］．城市问题，2016（11）：13－20.

［246］谢桂华．中国流动人口的人力资本回报与社会融合［J］．中国社会科学，2012（4）：103－124.

［247］邢春冰，贾淑艳，李实．教育回报率的地区差异及其对劳动力流动的影响［J］．经济研究，2013（11）：114－126.

［248］熊波，石人炳．理性选择与农民工永久性迁移意愿——基于武汉市的实证分析［J］．人口与经济，2009（4）：13－19.

［249］熊景维，钟涨宝．农民工家庭化迁移中的社会理性［J］．中国农村观察，2016（4）：40－55.

［250］许传新，张登国．流动还是留守：家长的选择及其影响因素［J］．中国青年研究，2010（10）：52－55.

［251］续田曾．农民工定居性迁移的意愿分析——基于北京地区的实证研究［J］．经济科学，2010（3）：120－128.

［252］薛彩霞，王录仓，常飞．中国城市流动人口时空特征及影响因素［J］．地域研究与开发，2020（2）：157－162.

［253］杨金风，史江涛．人力资本对非农就业的影响：文献综述［J］．中国农村观察，2006（3）：74－79.

[254] 杨传开，宁越敏. 中国省际人口迁移格局演变及其对城镇化发展的影响 [J]. 地理研究，2015（8）：1492 - 1506.

[255] 杨慧. 基于耦合协调度模型的京津冀13市基础设施一体化研究 [J]. 经济与管理，2020（2）：15 - 24.

[256] 杨菊华，陈传波. 流动家庭的现状与特征分析 [J]. 人口学刊，2013（5）：48 - 62.

[257] 杨菊华，张娇娇. 人力资本与流动人口的社会融入 [J]. 人口研究，2016（4）：3 - 20.

[258] 杨菊华. 中国流动人口的社会融入研究 [J]. 中国社会科学，2015（2）：61 - 79.

[259] 杨娟，李实. 最低工资提高会增加农民工收入吗？[J]. 经济学（季刊），2016（4）：1563 - 1580.

[260] 杨巧，李仙. 家庭禀赋、住房选择与农民工迁移意愿 [J]. 山西农业大学学报（社会科学版），2019（1）：62 - 70.

[261] 杨胜慧，唐杰. 初次职业选择对新生代农民工职业流动的影响 [J]. 青年探索，2015（1）：87 - 93.

[262] 杨肖丽，景再方. 农民工职业类型与迁移距离的关系研究——基于沈阳市农民工的实证调查 [J]. 农业技术经济，2010（11）：23 - 29.

[263] 杨雪，魏洪英. 流动人口长期居留意愿的新特征及影响机制 [J]. 人口研究，2017（5）：63 - 73.

[264] 杨义武，林万龙，张莉琴. 地方公共品供给与人口迁移——来自地级及以上城市的经验证据 [J]. 中国人口科学，2017（2）：93 - 103.

[265] 姚先国，刘湘敏. 劳动力流迁决策中的迁移网络 [J]. 浙江大学学报（人文社会科学版），2002（4）：125 - 131.

[266] 姚远，悦中山，李颖晖. 农村居民城镇定居决策的实证研究——基于经济理性与文化适应的双重视角 [J]. 社会学评论，2015（4）：58 - 67.

[267] 叶静怡, 周晔馨. 社会资本转换与农民工收入——来自北京农民工调查的证据 [J]. 管理世界, 2010 (10): 34 – 46.

[268] 叶静怡, 薄诗雨, 刘丛, 周晔馨. 社会网络层次与农民工工资水平——基于身份定位模型的分析 [J]. 经济评论, 2012 (4): 31 – 42.

[269] 叶静怡, 武玲蔚. 社会资本与进城务工人员工资水平——资源测量与因果识别 [J]. 经济学 (季刊), 2014 (4): 1303 – 1322.

[270] 叶俊焘, 钱文荣, 米松华. 农民工城市融合路径及影响因素研究——基于三阶段 Ordinal Logit 模型的实证 [J]. 浙江社会科学, 2014 (4): 86 – 97.

[271] 叶俊焘, 钱文荣. 不同规模城市农民工市民化意愿及新型城镇化的路径选择 [J]. 浙江社会科学, 2016 (5): 64 – 74.

[272] 叶鹏飞. 农民工的城市定居意愿研究 基于七省 (区) 调查数据的实证分析 [J]. 社会, 2011 (2): 153 – 169.

[273] 尤济红, 陈喜强. 去人力资本更高的城市发展: 检验、机制与异质性——对中国城乡劳动力流向选择的实证分析 [J]. 经济问题探索, 2019 (5): 159 – 172.

[274] 虞小强. 城镇化进程中农民进城行为研究 [D]. 杨凌: 西北农林科技大学, 2012.

[275] 袁方. 城镇化背景下农民工福利问题研究 [D]. 上海: 上海交通大学, 2016.

[276] 原新. 乡城流动人口对大城市人口年龄结构影响分析——以京、津、沪为例 [J]. 人口学刊, 2005 (2): 3 – 8.

[277] 岳书敬. 我国省级区域人力资本的综合评价与动态分析 [J]. 现代管理科学, 2008 (4): 36 – 37.

[278] 悦中山, 李树茁, 费尔德曼. 农民工社会融合的概念建构与实证分析 [J]. 当代经济科学, 2012 (1): 1 – 11.

[279] 张高亮, 张璐璐, 邱咸, 朱文征. 基于计划行为理论的渔民

参与专业合作组织行为的产生机理 [J]. 农业经济问题，2015 （8）：97 - 104.

[280] 张广胜，田洲宇. 改革开放四十年中国农村劳动力流动：变迁、贡献与展望 [J]. 农业经济问题，2018 （7）：23 - 35.

[281] 张虎，韩爱华. 制造业与生产性服务业耦合能否促进空间协调——基于 285 个城市数据的检验 [J]. 统计研究，2019 （1）：39 - 50.

[282] 张锦华，刘静. 农民工教育回报的迁移效应及异质性考察——基于处理效应模型的实证研究 [J]. 农业技术经济，2018 （1）：73 - 83.

[283] 张锦华，沈亚芳. 家庭人力资本对农村家庭职业流动的影响——对苏中典型农村社区的考察 [J]. 中国农村经济，2012 （4）：26 - 35.

[284] 张抗私，刘翠花，丁述磊. 正规就业与非正规就业工资差异研究 [J]. 中国人口科学，2018 （1）：83 - 94.

[285] 张蕾，王桂新. 第二代外来人口教育及社会融合调查研究——以上海为例 [J]. 西北人口，2008 （5）：59 - 63.

[286] 张蕾，王燕. 新生代农民工城市融入水平及类型分析——以杭州市为例 [J]. 农业经济问题，2013 （4）：23 - 28.

[287] 张莉，何晶，马润泓. 房价如何影响劳动力流动？ [J]. 经济研究，2017 （8）：155 - 170.

[288] 张文娟. 流动人口的家庭结构——以北京市为例 [J]. 北京行政学院学报，2009 （6）：88 - 92.

[289] 张文武，欧习，徐嘉婕. 城市规模、社会保障与农业转移人口市民化意愿 [J]. 农业经济问题，2018 （9）：128 - 140.

[290] 张幸福，王晓峰. 流动人口就业身份选择决策及其对城市融入的影响——基于东北地区跨区域与区域内流动人口的比较 [J]. 学习与探索，2019 （3）：35 - 43.

[291] 张务伟. 什么影响了农民工市民化：机理模型与实证检验

［J］. 河南社会科学, 2016, 24 (4)：59 - 68.

［292］张叶云. 转型期社会资本在青年农民工就业中的地位 ［J］. 中国青年研究, 2005 (6)：77 - 80.

［293］张勋, 万广华, 张佳佳, 何宗樾. 数字经济、普惠金融与包容性增长 ［J］. 经济研究, 2019 (8)：71 - 86.

［294］张耀军, 岑俏. 中国人口空间流动格局与省际流动影响因素研究 ［J］. 人口研究, 2014 (5)：54 - 71.

［295］张翼. 武汉市藏族流动青少年的社会适应研究 ［J］. 贵州民族学院学报 (哲学社会科学版), 2011 (6)：122 - 126.

［296］张雨林. 农业剩余劳动力转移的层次和城乡结构——江苏省吴江县四个行政村的调查 ［J］. 农业经济丛刊, 1984 (2)：32 - 36.

［297］张原. 农民工就业能力能否促进就业质量? ——基于代际和城乡比较的实证研究 ［J］. 当代经济科学, 2020 (2)：16 - 31.

［298］章元, 陆铭. 社会网络是否有助于提高农民工的工资水平? ［J］. 管理世界, 2009 (3)：45 - 54.

［299］张志新. 基于城乡统筹发展的农村劳动力转移与政策配套研究 ［M］. 北京：人民出版社, 2019.

［300］赵德昭. 地方财政配置能力对农村剩余劳动力转移的门槛效应研究 ［J］. 财政研究, 2017 (6)：72 - 83.

［301］赵海涛, 朱帆. 农业转移人口的超大城市偏好与家庭联合迁移决策 ［J］. 人口与经济, 2019 (3)：77 - 90.

［302］赵建国, 周德水. 教育人力资本、互联网使用与新生代农民工职业选择 ［J］. 农业经济问题, 2019 (6)：117 - 127.

［303］赵延东. 再就业中的社会资本：效用与局限 ［J］. 社会学研究, 2002 (4)：43 - 54.

［304］赵颖. 中国劳动者的风险偏好与职业选择 ［J］. 经济学动态, 2017 (1)：62 - 76.

［305］钟甫宁, 陈奕山. 务农经历、受教育程度与初次外出务工的

职业选择——关于新生代农民工"摩擦性失业"的研究 [J]. 中国农村观察，2014 (3)：2-9.

[306] 钟水映，李春香. 乡城人口流动的理论解释：农村人口退出视角——托达罗模型的再修正 [J]. 人口研究，2015 (6)：13-21.

[307] 周大鸣，梅方权. 综合农业现代化与湖南乡村都市化 [J]. 吉首大学学报 (社会科学版)，2005 (2)：74-78.

[308] 周德禄. 基于人口指标的群体人力资本核算理论与实证 [J]. 中国人口科学，2005 (3)：56-62.

[309] 周广肃，李力行. 养老保险是否促进了农村创业？[J]. 世界经济，2016 (11)：172-192.

[310] 周皓. 中国人口迁移的家庭化趋势及影响因素分析 [J]. 人口研究，2004 (6)：60-69.

[311] 周密，赵文红，宋红媛. 基于知识特性的知识距离对知识转移影响研究 [J]. 科学学研究，2015 (7)：1059-1068.

[312] 周启良，范红忠. 高等教育人口对城市化的影响研究——来自中国 287 个地级及以上城市的经验证据 [J]. 中国人口科学，2019 (3)：29-39.

[313] 周天勇，胡锋. 托达罗人口流动模型的反思和改进 [J]. 中国人口科学，2007 (1)：18-26.

[314] 周天勇. 托达罗模型的缺陷及其相反的政策含义——中国剩余劳动力转移和就业容量扩张的思路 [J]. 经济研究，2001 (3)：75-82.

[315] 周文，赵方，杨飞，李鲁. 土地流转、户籍制度改革与中国城市化：理论与模拟 [J]. 经济研究，2017 (6)：183-197.

[316] 周晔馨. 社会资本是穷人的资本吗？——基于中国农户收入的经验证据 [J]. 管理世界，2012 (7)：83-95.

[317] 周晔馨，涂勤，梁斌，叶静怡. 农民工的社会资本如何形成：基于社会网络的分析 [J]. 世界经济，2019 (2)：170-192.

[318] 周晔馨, 叶静怡. 社会资本在减轻农村贫困中的作用: 文献述评与研究展望 [J]. 南方经济, 2014 (7): 35-57.

[319] 周元鹏. 流动人口居留意愿内部分化研究——以温州市为例 [J]. 南方人口, 2010 (6): 54-60.

[320] 周红云. 社会资本: 布迪厄、科尔曼和帕特南的比较 [J]. 经济社会体制比较, 2003 (4): 46-53.

[321] 朱光伟, 杜在超, 张林. 关系、股市参与和股市回报 [J]. 经济研究, 2014 (11): 87-101.

[322] 朱建军, 胡继连, 安康, 霍明. 农地转出户的生计策略选择研究——基于中国家庭追踪调查 (CFPS) 数据 [J]. 农业经济问题, 2016 (2): 49-58.

[323] 朱宇, 林李月. 中国人口迁移流动的时间过程及其空间效应研究: 回顾与展望 [J]. 地理科学, 2016 (6): 820-828.

[324] 朱宇, 林李月. 流动人口在城镇的居留意愿及其决定因素——文献综述及其启示 [J]. 人口与经济, 2019 (2): 17-27.

[325] 朱志胜. 社会资本的作用到底有多大? ——基于农民工就业过程推进视角的实证检验 [J]. 人口与经济, 2015 (5): 82-90.

[326] 朱志胜. 农民工的自我雇佣选择与市场回报——基于 2014 年全国流动人口动态监测调查数据的实证检验 [J]. 人口与经济, 2018 (5): 100-112.

[327] 朱志胜. 中国农民工进城自雇佣行为: 规模、特征与进入机制 [J]. 现代经济探讨, 2019 (12): 116-125.

[328] 祝仲坤, 冷晨昕. 住房状况、社会地位与农民工的城市身份认同——基于社会融合调查数据的实证分析 [J]. 中国农村观察, 2018 (1): 96-110.

[329] 祝仲坤, 陶建平, 冷晨昕. 迁移与幸福 [J]. 南方经济, 2019 (3): 90-110.

[330] 卓玛草, 孔祥利. 农民工留城意愿再研究——基于代际差异

和职业流动的比较分析 [J]. 人口学刊，2016 (3)：96 – 105.

[331] 邹杰玲，王玉斌. 团聚的藩篱：大城市落户门槛如何阻碍农民工子女随迁 [J]. 财经科学，2018 (12)：67 – 79.

[332] 邹一南. 农民工永久性迁移与城镇化投资政策取向 [J]. 人口与经济，2015 (4)：28 – 38.

[333] 邹一南. 分类推进城市非户籍人口落户的逻辑与路径 [J]. 经济社会体制比较，2019 (2)：117 – 126.

[334] 褚荣伟，熊易寒，邹怡. 农民工社会认同的决定因素研究：基于上海的实证分析 [J]. 社会，2014 (4)：25 – 48.

[335] 曾维希，李媛，许传新. 城市新移民的心理资本对城市融入的影响研究 [J]. 西南大学学报（社会科学版），2018 (4)：129 – 137.

[336] Ajzen I, Fishbein M. Understanding attitudes and predicting social behavior: upper saddle reiver [M]. New Jersey: Prentice – Hall, 1980.

[337] Ajzen I. Attitudes personality and behavior: maidenhead, United Kingdom [M]. Open University Press, 1988.

[338] Akee R R Q, Jaeger D A, Tatsiramos K. The Persistence of Self – Employment Across Borders: New Evidence on Legal Immigrants to the United States [R]. Iza Discussion Paper. No. 3250, 2007.

[339] Almond G A, Verba S. The Civic Culture: Political Attitudes and Democracy in Five Nations [M]. Princeton University Press, 2015.

[340] Anderson A R, Jack S L. The Articulation of Social Capital in Entrepreneurial Networks: A Glue or a Lubricant? [J]. Entrepreneurship and Regional Development, 2002, 14 (3)：193 – 210.

[341] Ardichvili A, Cardozo R, Ray S. A Theory of Entrepreneurial Opportunity Identification and Development [J]. Journal of Business Venturing, 2003, 18 (1)：105 – 123.

[342] Baron R M, Kenny D A. The Moderator – Mediator Variable

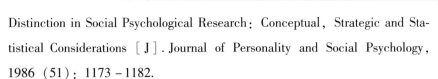

Distinction in Social Psychological Research: Conceptual, Strategic and Statistical Considerations [J]. Journal of Personality and Social Psychology, 1986 (51): 1173 – 1182.

[343] Barro R J. Economic Growth in Cross Section of Countries [J]. Quarterly Journal of Economics, 1991.

[344] Becker G S. An Economic Analysis of Fertility [M]. New York: Columbia University Press, 1960.

[345] Becker G S. A Theory of the Allocation of Time [J]. The Economic Journal, 1965, 75 (299): 493 – 517.

[346] Becker G S. Human Capital: A Theoretical and Empirical Analysis, With Special Reference to Education, National Bureau Of Economic Research [M]. New York: Columbia University Press, 1965.

[347] Becker G S. Investment in Human Capital: A Theoretical Analysis [J]. Journal of Political Economy. 1962 (10): 9 – 49.

[348] Bergmann B. The Effect on Income of Discrimination in Employment [J]. Journal of Political Economy, 1971 (79).

[349] Blanchflower D G. Self – Employment in OECD Countries [J]. Labour Economics, 2000, 7 (5): 471 – 505.

[350] Blinder A L S. Wage Discrimination: Reduced Form and Structural Estimates [J]. Journal of Human Resources, 1973, 8 (4): 436 – 455.

[351] Borjas G J. The Self – Employment Experience of Immigrants [J]. Journal of Human Resources, 1986, 21 (4): 485 – 506.

[352] Bourdieu P. Distinction: A Social Critique of the Judgment of Taste [M]. Massachusetts: Harvard University Press, 1984.

[353] Bourdieu P. The Forms of Capital: Handbook of Theory and Research in the Sociology of Education [M]. New York: Greenwood Press, 1986.

［354］Brenda D R, Gordon F. Family Migration in a Developing Country ［J］. Population Studies, 1991, 45 （2）: 221 –233.

［355］Brown P R, Nelson R, Jacobs B, Kokic P, Tracey T. Enabling Natural Resource Managers to Self – Assess Their Adaptive Capacity ［J］. Agricultural Systems, 2010, 103 （8）: 562 –568.

［356］Burt R S. Structural Holes: The Social Structure of Competition ［M］. Cambridge: Harvard University Press, 1992.

［357］Chambers R, Conway G R. Sustainable Rural Livelihoods: Practical Concepts for the 21st Century ［R］. Brighton, England: Institute of Development Studies, Tds Discussion Paper 296, 1992.

［358］Chen M. Analysis of Migrant Workers' Job Choice Behavior – From The Perspective of Professional Quality and Type ［J］. Contemporary Economy and Management, 2013, 11 （42）: 7216 –7223.

［359］Coleman J S. Social Capital In the Creation of Human Capital ［J］. American Journal of Sociology, 1988 （94）: 95 –120.

［360］Coleman J S. Foundations of Social Theory ［M］. Cambridge: Harvard University Press, 1990.

［361］Ellis F. Livelihoods and Diversity in Developing Countries ［M］. New York: Oxford University Press, 2000: 26 –38.

［362］Feich, Rains G A. A Theory of Economic Development ［J］. 1961 （9）: 37 –55.

［363］Fukuyama F. Social Capital and Civil Society ［R］. IMF: Working Paper, 2000.

［364］Gagon J, Xenogiani T, Xing C. Are All Migrants Really Worse off in Urban Labor Markets: New Empirical Evidence From China ［R］. Oecd Development Center Working Paper, No. 278, 2009.

［365］Goodhue D L. Understanding User Evaluations of Information Systems ［J］. Management Scinece, 1995, 41 （12）: 1827 –1844.

［366］ Granovetter M S. Toward A Sociological Theory of Differences. In Sociological Perspectives on Labor Markets ［M］. New York: Academic Press, 1981.

［367］ Granovetter M S. Getting A Job: A Study of Contacts and Careers ［M］. Chicago: University of Chicago Press, 1995.

［368］ Granovetter M S. The Strength of Weak Ties ［J］. American Journal of Sociology. 1973 (78): 1360 – 1380.

［369］ Grootaert C. "Does Social Capital Help the Poor: A Synthesis Findings From the Local Level Institutions, Studies in Bolivia, Burkina Faso and Indonesia", in Local Level Institutions ［R］. Working Paper. No. 6. Washington D C. World Bank, 2001.

［370］ Grootaret C. Social Capital, Household Welfare and Poverty in Indonesia ［R］. In Local Level Institutions Working Paper, No. 6. Washington D C. World Bank, 1999.

［371］ Grootaret C A V. Swanny. Social Capital, Household Welfare and Poverty In Burkina Faso ［J］. Journal of African Economies, 2002, 11 (1): 467 – 487.

［372］ Grossman M. The Human Capital Model ［J］. Handbook of Health Economics, Part A: 2000: 347 – 408.

［373］ Hansen B E. Threshold Effects in Non – Dynamic Panels: Estimation, Testing and Inference ［J］. Journal of Econometrics, 1999, 93 (2): 345 – 368.

［374］ Hare D. "Push" Versus "Pull" Factors in Migration outflows and Returns: Determinants of Migration Status and Spell Duration Among China'S Rural Population ［J］. Journal of Development Studies, 1999, 35 (3): 45 – 72.

［375］ Hayes A F. Beyond Baron and Kenny: Statistical Mediation Analysis on the New Millennium ［J］. Communication Monographs, 2009

(76): 408 – 420.

[376] Iacobucci D. Mediation Analysis and Categorical Variables: The Final Frontier [J]. Journal of Consumer Psychology, 2012 (22): 582 – 594.

[377] Jacob M. Family Migration Decision [J]. The Journal of Political Economy, 1978 (10): 1 – 50.

[378] James H, Johnson J R, Curtis C. Increasing Black Out Migration from Los Angeles: The Role of Household Dynamics and Kinship Systems [J]. Annals of the Association of American Geographers, 1990, 80 (2): 205 – 222.

[379] Knight Et Al. Chinese Rural Migration in Urban Enterprises: Three Perspectives [J]. The Journal of Development Studies, 1999, 35 (3).

[380] Knight J, Linda Y. A Demonstation of the Anchoring Effect [J]. Decision Sciences Journal of Innovative Education 2004 (2): 203 – 206.

[381] Larry A S. The Cost And Returns of Human Migration [J]. Journal of Political Economy 70s, 1962 (5): 81 – 92.

[382] Lee E S. A Theory of Migration [J]. Demography, 1966 (1): 35 – 57.

[383] Lewis G J. Human Migration [M]. London: Groom Helm Ltd, 1982.

[384] Lewis W A. Economic Development With Unlimited Supplies of Labor [J]. Manchester School, 1954 (22): 139 – 191.

[385] Lilian T. Family Strategies and the Migration of Women: Migrants to Dagupan City, Philippines [J]. International Migration Review. 1984, 18 (4): 1264 – 1277.

[386] Lin N. Inequality in Social Capital [J]. Contemporary Sociology, 2000, 29 (6): 785 – 795.

[387] Lin N. Social Capital: A Theory of Social Structure and Action [M]. Cambridge: Cambridge University Press, 2001.

[388] Lin N, Dumin M. Access to Occupations Through Social Ties [J]. Social Networks, 1986, 8 (4): 365 – 385.

[389] Lofstrom M. Labor Market Assimilation and the Self – Employment Decision of Immigrant Entrepreneurs [R]. IZA Discussion Paper. No. 54, 1999.

[390] Lucas R E. On the Mechanics of Economic Development [J]. Journal of Monetary Economics, 1988 (22): 3 – 42.

[391] Lucas R. Life Earning and Rural – Urban Migration [J]. Journal of Political Economy, 2004, 112 (1).

[392] Todaro M P. A Model of Labor Migration and Urban Unemployment in Less Developed Countries [J]. American Economic Review, 1969, 59.

[393] Mankiw N G, Romer D, Weil D N. A Contribution to The Empirics of Economic Growth [J]. Quarterly Journal of Economics, 1992, 107.

[394] Massey D S, Denton N A. The Dimensions of Residential Segregation [J]. Social Forces, 1988, 67 (2): 281 – 315.

[395] Massey D S, White M J, Phua V. The Dimensions of Segregation Revisited [J]. Sociological Methods and Research, 1996, 25 (2): 172 – 206.

[396] Mcpherson M, Lynn Smith – Lovin J C. Birds of a Feather: Homophily in Social Networks [J]. Annual Review of Sociology. 2001, 27.

[397] Mincer J. Investment in Human Capital and Personal Income Distribution Authors [J]. Journal of Political Economy, 1958, 66 (4): 281.

[398] Mincer J. Schooling, Experience and Earnings [M]. New York: Columbia University Press, 1974.

［399］Mincer J. Unemployment Effects of Minimum Wages ［J］. Journal of Political Economy, 1976, 84 （4）: 87 – 104.

［400］Moster. The Asset Vulnerability Framework: Reassessing Urban Poverty Reduction Strategies ［J］. World Development, 1998, 26 （1）: 1 – 19.

［401］Murphy, Kevin M A S, Robert W V. Industrialization and the Bigpush ［J］. Journal of Political Economy. 1989 （3）: 1003 – 1026.

［402］Myers S M. Childhood Migration and Social Integration in Adulthood ［J］. Journal of Marriage and Family, 1999 （3）: 774 – 789.

［403］Oaxaca R. Male – Female Wage Differences in Urban Labor Markets ［J］. International Economic Review, 1973, 14 （3）: 693 – 709.

［404］Piore M J. The Dual Labor Market: Theory and Implications. In: Beer S H, Barringer R E. , The State and The Poor ［M］. Cambridge: Winthrop Publishers, 1970.

［405］Popkin S. The Rational Peasant: The Political Economy of Peasant Society ［J］. Theory and Society. 1980 （9）: 411 – 471.

［406］Portes A, Zhou M. Self – Employment and the Earnings of Immigrants ［J］. American Sociological Review, 1996, 61 （2）: 219 – 230.

［407］Portes A. Social Capital: Its Origins and Applications in Modern Sociology ［J］. Annual Review of Sociology, 1998 （1）: 1 – 24.

［408］Ports A, Jensen L. The Enclave and the Entrants: Patterns of Ethnic Enterprise in Miami Before and After Mariel ［J］. American Sociological Review. 1989 （54）: 929 – 949.

［409］Preacher K J, Hayes A F. Spss and Sas Procedures For Estimating Indirect Effects in Simple Mediation Models ［J］. Behavior Research Methods, Instruments and Computers, 2004 （36）: 717 – 731.

［410］Putnam R D, Leonardi R, Nanetti R Y. Making Democracy Work: Civic Traditions in Modern Italy ［M］. Princeton: Princeton University Press, 1993.

[411] Ranis G, Fei J C H. A Theory of Economic Development [J]. American Economic Review, 1961, 51 (4): 533 – 565.

[412] Ravenstein E G. The Laws of Migration [J]. Journal of the Royal Statistical Society, 1885 (2): 167 – 235.

[413] Romer P M. Increasing Returns and Long Run Growth [J]. Journal of Political Economy, 1986, 94 (10): 1002 – 1037.

[414] Rosen S. A Theory of Life Earnings [J]. Journal of Political Economy: 1976 (84): 45 – 67.

[415] Saaty T L. The Analytic Hierarchy Process [M]. New York: Mcgraw – Hill Press, 1980.

[416] Saaty T L. Decision – Making With the AHP, Why is the Principal Eigenvector Necessary? [J]. European Journal of Operational Research, 2003, 145 (1): 85 – 91.

[417] Satu N. Determinants of Family Migration: Short Moves Vs. Long Moves [J]. Journal of Population Economics, 2004, 17 (1): 157 – 175.

[418] Schein E H. Career Dynamics: Matching Individual and Organizational Needs [M]. New Jersey: Addison Wesley, 1978.

[419] Schultz T W. Capital Formation by Education [J]. Journal of Political Economy, 1960, 68 (6): 571 – 571.

[420] Schultz T W. Transforming Traditional Agriculture [M]. New Haven: Yale University Press, 1964.

[421] Schultz T W. Investing in Poor People: An Economist's View [J]. American Economic Review, 1965, 55 (2): 510 – 520.

[422] Scoones I. Sustainable Rural Livelihoods: A Framework for Analysis [R]. IDS Working Paper, Brighton: Institute of Development Studies, 1998, 72 – 75.

[423] Scott C, Lewis H S. Labor Force Participation in Southern Rural

Labor Markets [J]. American Journal of Agricultural Economics. 1988, 10 (1).

[424] Sharp K. Measuring Destitution: Integrating Qualitative and Quantitative Approachers in the Analysis of Survey Data [R]. IDS Working Paper, 2003, 217.

[425] Shin D C. Economic Growth, Structural Transformation, and Agriculture: The Case of U. S. and S. Korea [D]. Chicago University, 1997.

[426] Sjaastad L A. The Costs and Returns of Human Migration [J]. Journal of Political Economy, 1962, 70 (5).

[427] Song L, Appleton S. Social Protection and Migration in China: What Can Protect Migrants From Economic Uncertainty [R]. IZA Discussion Paper. 2008, 3594.

[428] Spitze G. The Effect of Family Migration on Wives' Employment: How Long Does it Last? [J]. Social Science Quarterly, 1984, 65 (1): 21 – 36.

[429] Stark O, Taylor J E. Relative Deprivation and International Migration [J]. Demography, 1989, 26 (1): 1 – 14.

[430] Stark O, Taylor J E. Migration Incentives, Migration Types, The Role of Relative Deprivation [J]. The Economic Journal, 1991 (101): 1163 – 1178.

[431] Stokey N L. Free Trade, Factor Returns and Factor Accumulation [J]. Journal of Economic Growth, 1996 (1): 421 – 447.

[432] Todaro M P. A Model of Labor Migration and Urban Unemployment in Less Developed Countries [J]. American Economic Review. 1969, 59 (1): 138 – 148.

[433] Wooldridge J M. Econometric Analysis of Cross Section and Panel Data [M]. Cambridge: MIT Press, 2002.